알기 쉽고 재미있는 **初學 漢文**

알기 쉽고 재미있는

初學 漢文

김 균 태

도서출판 역락

서문

이른바 글로벌 시대에 사람들은 우리 전통문화에 대한 관심과 애정이 날로 커져가고 있다. 이것은 아마도 우리 전통문화라야 세계에 당당히 내세울 수 있다고 생각해서일 것이다. 그런데 사람들이 말하는 우리 전통문화는 주로 기층문화에 뿌리를 둔 민중문화로 인식되고 있다. 그러나 이런 민중문화와 함께 우리를 대표할 만한 문화로 궁중문화나 양반문화가 있었지만 이런 문화는 가진 자들의 향락적 문화로 사람들에게 백안시되어 왔다.

이런 경향이 언제부터인지 정확히 말할 수는 없지만 조선조 양반 지배계급들의 무능과 위선이 폭로되고 서민들의 자각이 일기 시작한 임진왜란 이후에 비롯된 것이 아닌가 한다. 그리고 그 결정적 계기는 한일합방이 되어 나라의 주권을 잃게 된 때일 것이다. 국가 주권 상실의 책임이 지배계급의 무능에 있었으니 그들을 중심으로 이루어진 궁중문화나 양반문화가 비판의 도마에 오른 것은 당연한 결과다. 우리 문화에 대한 이런 인식 태도는 우리로 하여금 전통문화를 민중문화로만 인식하는 편협한 태도를 가지도록 했다. 문화란 현실 논리에 따라서 새롭게 변화하기 마련이지만, 우리는 이런 시대적 논리 때문에 전통문화의 또 다른 축을 상실했던 것이다.

사람들은 이제 전통문화에 대해서 이해의 폭을 넓혀 궁중문화나 양반문화에 관심을 보이고 있지만, 이런 문화가 이미 상실되어 버려 무엇이 진정한 우리 문화인지 분간하기조차 어려운 지경에 이르렀다. 뒤늦게나마 다양한 영역에서 우리의 문화를 복원하려고 하지만 이런 자료들 대부분이 한문으로 기록되어 있어서 언어의 장애에 부딪히고 만다. 물론 많은 한문 자료들이 국가적 사업으로 국역되고 있다. 그런데 이런 번역서를 읽고 이해하는

데에도 기초적인 한문 지식은 절대적으로 필요하다. 그렇지만 이를 학습하기가 어렵다는 이유로 사람들은 한문을 외면하기 마련이다.

　필자는 오랜 시간 대학 강단에서 한문을 가르쳐 왔지만 학생들의 한문 수준은 날로 떨어지고, 학생들은 이를 학습하려는 의욕마저 상실하여 한문 과목을 수강 신청하는 것조차 주저한다. 학생들이 우리 것에 대한 관심과 애정은 있지만 자신이 이를 개척하여 복원하는 일에는 쉽게 도전하려 하지 않는데 이것은 한문의 질곡 때문이다. 학생들의 이런 태도를 단순히 학생들의 열정이 부족한 탓으로 돌리기보다 우리의 한문 교육 방법에 문제가 없었던 것은 아닌지 반성할 필요도 있다. 작금의 학생들은 복잡하고 불편한 것은 아예 처음부터 외면하려는 성향이 있는데 지금까지의 한문 학습 방법이 고식적이니 학생들이 이를 즐겨 학습하려고 하지 않는 것도 당연한 결과이다.

　필자는 그동안 여러 가지 형태로 한문 학습 방법을 새롭게 개발하고 이를 수업시간에 적용하여 실험해 보았다. 그 결과 가장 확실하고 효과적인 학습 방법은 학생들의 학습 태도와 성향에 맞게 강의 방법과 교재가 개발되어야 한다는 것이었다. 학생들은 한문 수업을 받으려고 해도 한자를 스스로 찾을 능력과 여유가 없는 상황이고, 수업을 들은 뒤에 복습을 하려면 수업 내용을 어딘가에 필기해 두어야 한다. 따라서 학생들은 수업 시간 중에 교재 본문에 집중하기보다는 교수의 설명을 기록하는 데 더 열심이다. 이러다 보니 한문의 문리를 터득하기는 요원하게 되고, 한문은 차츰 어렵게 여겨져서 마침내는 이를 포기하고 만다.

　학생들의 이런 성향을 탓하기보다는 이를 인정하고 학생들이 교재 본문과 교수의 설명에 집중할 수 있는 교재가 필요하다. 본 교재는 바로 이런 관점에서 만들어졌다. 그리하여 학생들이 한자를 찾는 수고를 덜고, 수업 중에 따로 기록할 필요가 없도록 본문을 이해하는 데 필요한 한자의 훈과 음을 비롯해서 구문의 뜻을 모두 제시해 놓았다. 따라서 본 교재는 학습자가 자학자습하는 데 조금도 어려움이 없도록 만들어졌으므로 그저 읽기만 하면 저절로 한문을 터득할 수 있다. 수업 중에도 학습자는 본문에 집중해서 교수의 설명을 듣기만 하면 된다. 그러다 보면 저절로 문리가 터득될 것이다.

　교재의 내용은 한자의 생성과 활용 원리를 비롯해서 한자어의 구조를 기초 학습 단계로 한 다음에, 선조들이 한문 초학자들을 위해서 만들어 놓은 교재를 인용하여 한문 문장의 구조를 학습자가 쉽게 이해할 수 있도록 구성하였다. 그러면서도 본문의 내용은 심성 수양을 통한 삶의 태도를 배우되 흥미를 잃지 않도록 쉽고 편하고 재미있는 내용으로 꾸몄다. 그리고 부록에는 한자 능력시험에 대비할 수 있도록 교육부 선정 상용한자 1800자와 그 용례를 찾아 정리해 두었다.

　끝으로 이 교재 부록 용례를 찾아 정리하는 데 수고한 대학원생 강희순, 전성실과 촉급한 시간 속에서도 독자들이 이 교재를 편하게 볼 수 있도록 정성스럽게 편집해 준 역락출판사 권분옥 선생에게 진심으로 감사드린다.

2008. 2.　김 균 태

차례

제 1 편

漢字의 基礎

1. 漢字의 起源과 變遷

(1) 漢字의 發生

● 八卦文字(팔괘문자)

中國 古代 傳說(전설)에 의하면 伏犧(복희) 씨가 自然의 現象(현상)을 象徵的(상징적)으로 표시하여 八卦(팔괘)를 만들었다고 한다. 八卦文字는 『周易(주역)』에도 전하고 있지만 天地萬物(천지만물)의 變化原理(변화원리)를 陰(음--) 陽(양—)의 記號(기호)로 表示해 낸 것이다. 陰陽을 兩儀(양의)라 하고, 다시 '═'을 太陽, '══'을 太陰, '══'을 少陽, '══'을 少陰이라 하여 이것을 四象(사상)이라고 한다. 이 四象에 陰陽을 하나씩 더 添加(첨가)해서 八卦를 만늘었다. 八卦는 다음과 같다. ☰(乾) 天의 古字, ☷(坤) 地의 古字, ☳(震) 雷의 古字, ☶(艮) 山의 古字, ☲(離) 火의 古字, ☵(坎) 水의 古字, ☱(兌) 澤의 古字, ☴(巽) 風의 古字.

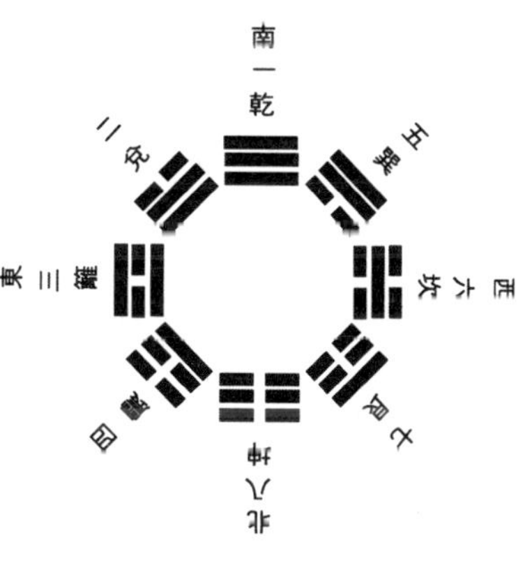

伏犧八卦方位(복희 팔괘 방위)

❷ 結繩文字(결승문자)

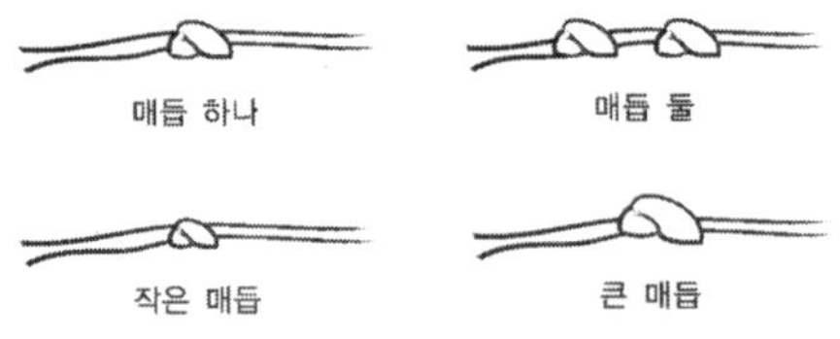

結繩文字는 神農(신농) 씨가 새끼 또는 노끈을 매듭지어서 意思(의사)를 傳達(전달)한 것이라고 전한다. 노끈을 한 번 매듭지었을 때 한 가지 事件(사건)을 가리키며 이를 크게 매면 큰 일을, 작게 매면 작은 일을 뜻한 것이라 할 수 있다. 이 노끈의 매듭 形狀(형상)이 뒤에 指事文字(지사문자)로 發展(발전)된 것이 아닌가 한다.

❸ 書契文字(서계문자)

書契文字는 一說(일설)에 의하면 文字로서 體制(체제)를 갖춘 것이라고 하면서 書契는 文字의 別稱(별칭)이라고 하지만 精確(정확)히 斷定(단정)하기는 어렵다. 다만 ‘書契’의 字意(자의)가 ‘긋고, 새기고’의 뜻이 있어 앞의 八卦나 結繩보다는 좀 더 發展된 記號가 아닌가 한다.

(2) 漢字體의 變遷

最初(최초)의 漢字體(한자체)는 黃帝(황제) 때에 史官(사관)인 蒼頡(창힐)이 짐승의 발자국을 본떠서 만든 文字에서 비롯되었다고 전한다.

❶ 甲骨文字(갑골문자)

19世紀(세기) 末(말, 1899년) 河南省(하남성) 安陽縣(안양현)에서 發掘(발굴)된 殷(은) 나라 유적 중 거북의 등과 動物(동물)의 뼈에 새겨진 文字를 말한다. 이것은 占(점)을 치는 것에 關聯(관련)된 것으로 字數는 3千 5百 字 정도이고,

14

解讀(해독) 可能(가능)한 글자 수는 2千 字 정도라고 한다.

鹿　馬　虎　象　豕　牛　羊

② 金文(금문)

周子孫 卣蓋銘(金石索)

　　殷(은) 金文, 西周(서주) 金文, 東周(동주) 金文 등으로 나뉜다. 주로 鐘(종), 鼎(정), 武器(무기) 등 靑銅器에 새겨진 文字이다. 金文은 甲骨文字에 비해서 널리 通用된 文字가 아니다. 現在 2千 6百 字가 전하는데 解讀 可能한 글자 數는 1千 9百 字 정도라고 한다.

③ 籒文(주문)[大篆(대전)이라고도 함]

　　周(주) 나라 宣王(선왕) 때 太史(태사) 籒(주)가 『史籒編(사주편)』을 著述(저술)하여 金文의 混亂(혼란)을 바로잡은 文字이다. 이 文字는 秦(진) 나라를 中心으로 盛行(성행)하였다. 天(천), 地(지), 玄(현), 黃(황)의 글자를 예로 보이면 다음과 같다.

④ 小篆(소전)

　　秦始皇(진시황)이 天下를 統一(통일)한 뒤에 글자를 統一할 目的으로 李斯(이사)에게 命하여 大篆(대전)을 基礎로 簡略(간략)하게 만든 文字이다. 이 文字는 『說文解字』의 基本 字體(자체)가 되었다. 現在에는 書體(서체)와 印章(인

장) 등에 널리 使用(사용)되고 있다.

⑤ 隷書(예서)

篆書(전서)를 더욱 簡略하게 만든 文字이다. 秦始皇 때에 程邈(정막)이 지었다고 전해진다. 漢代(한대)에 널리 補給(보급)되어 經書(경서)를 記錄(기록)하는 文字로 利用(이용)되기도 하였다.

⑥ 楷書(해서)

前漢(전한) 後半(후반)에 隷書를 더욱 簡略하게 만든 것으로 現在에도 널리 使用되고 있는 字體(자체)이다.

⑦ 行書(행서)

後漢代(후한대)에 만들어진 것으로 楷書를 簡略하게 줄여 쓴 字體이다.

⑧ 草書(초서)

晉代(진대)에 만들어진 것으로 楷書를 흘려 쓴 字體이다.

16

2. 漢字의 形成

(1) 六書法(육서법)

❶ 象形(상형)

具體的(구체적)인 事物(사물)의 特徵(특징)을 捕捉(포착)하여 象徵(상징) 또는 寫實的(사실적)인 方法으로 字形(자형)을 만든 것이다.

例 山, 日, 川, 月, 手, 馬, 魚, 門, 雨 등이 여기에 속한다.

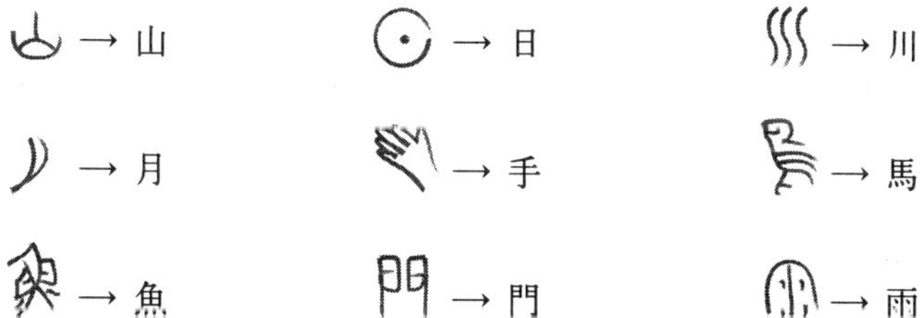

❷ 指事(지사)

事物의 關係(관계)를 보고 생각해서 알 수 있도록 明示(명시)와 指定(지정)의 의미로 記號化(기호화)한 것이다. 象形(상형)과 함께 漢字 製字(제자)의 기본이 된다.

> 例 上, 下, 本, 末, 一, 二 등이 여기에 속한다.
>
> ＋ → 上　　　　　木 → 末
>
> ＋ → 下　　　　　木 → 本

❸ 會意(회의)

이미 製作(제작)된 文字를 가지고 組合(조합)하여 새로운 文字를 만드는 것을 말한다. 構成(구성) 方式은 同字構成(동자구성)과 異字構成(이자구성)이 있다.

> 例 炎, 林, 休, 信, 男, 畓, 孝 등이 여기에 속한다.
>
> 火 + 火 → 炎　　　　木 + 木 → 林
>
> 人 + 木 → 休　　　　田 + 力 → 男
>
> 水 + 田 → 畓　　　　老 + 子 → 孝

❹ 形聲(형성)

會意와 마찬가지로 製作된 文字를 組合하여 새로 만든 文字를 말한다. 한 쪽은 事物의 뜻[意符]을, 다른 한 쪽은 글자의 음[音符]을 나타낸다. 漢字의 대부분은 會意와 形聲에 의해서 만들어졌다.

> 例 淸, 晴, 江, 松, 鶴, 鐘 등이 여기에 속한다.
>
> 意符 + 音符　　　　　意符 + 音符
>
> 氵 + 靑 → 淸　　　　日 + 靑 → 晴
>
> 氵 + 工 → 江　　　　木 + 公 → 松
>
> 鳥 + 隺 → 鶴　　　　金 + 童 → 鐘

⑤ 轉注(전주)

이미 만들어진 글자를 다른 뜻과 음으로 轉用(전용)하는 境遇(경우)를 말
한다.

> 例　樂 : 풍류 악(音樂), 즐거울 락(樂園), 좋아할 요(樂山樂水)
>
> 　　數 : 셀 수(數學), 자주 삭(數數), 빽빽할 촉(數罟)
>
> 　　說 : 말씀 설(說明), 기쁠 열(說樂), 달랠 세(遊說)

⑥ 假借(가차)

이미 만들어진 글자의 소리를 빌어서 使用하는데 外來語(외래어) 表記(표
기)에 주로 쓰인다.

> 例　阿彌陀(아미타), 塞翁(새옹), 巴里(파리) 등이 여기에 속한다.

(2) 漢字의 部首(부수)와 字畫(자획)

❶ 部首(부수)

漢字의 部首는 다음과 같이 十分된다.

① 邊(변)과 傍(방)

　　邊·位, 後, 冷, 淸, 恨, 秋, 防, 神, 複. 推, 狄, 說

　　傍 : 刎, 列 郡, 邦

② 머리와 발

　　머리 : 亥, 亭, 冠, 冢, 安, 家, 花, 草, 雲, 霜, 答, 篇

　　발 : 念, 忍, 袋, 裂

③ 엄 : 压, 原, 序, 廣, 疾, 病

④ 반침 : 週, 進, 延, 建

⑤ 몸 : 國, 圈, 問, 聞

⑥ 제 部首 글자 : 水, 心, 木, 金, 衣, 邑, 阜, 馬, 鳥

❷ 字畫(자획)

漢字는 點(ㆍ) 과 線(一, 亅)과 曲線(丿) 등으로 이루어지는데 글자를 쓸 때 붓을 紙面에 대었다가 뗄 때까지 繼續되는 點이나 線을 畫이라고 한다. 例를 들어서 '한 일(一)' 字나 '점 주(ㆍ)' 字는 1畫, '이에 내(乃)' 字와 '마칠 료(了)' 字는 2畫, '활 궁(弓)' 字는 3畫, '붉을 단(丹)' 字는 4畫, '날 비(飛)' 字는 9畫이고, 가장 複雜(복잡)한 畫의 글자 중에 하나인 '자라 별(鼈)' 字는 總 25畫이다.

1   象形 및 指事 漢字를 더 찾아보자.

2   이미 만들어진 漢字를 이용해서 會意 및 形聲 文字를 만들어보자.

3   轉注 및 假借로 쓰인 用例를 더 찾아보자.

4   다음 한자의 획수를 세어 보자.

比		此		絲		政	
糾		肥		龜		驕	

5   다음 漢字의 訓과 音을 써 보자.

犬		太		樸		璞	
戍		戊		冷		泠	
傅		傳		簿		簿	

3. 漢字語의 種類와 構成

(1) 漢字語의 種類(종류)

❶ 單一語(단일어)

風(바람 풍)　　　雲(구름 운)　　　雨(비 우)　　　露(이슬 로)

雷(우뢰 뢰)　　　電(번개 전)　　　霜(서리 상)　　　雪(눈 설)

❷ 派生語(파생어)

所感(소감)　　　第一(제일)　　　突然(돌연)　　　莞爾(완이)

❸ 合成語(합성어)

老人(노인)　大國(대국)　貧家(빈가)　→　包有語(포유어)

前後(전후)　晝夜(주야)　父母(부모)　→　竝列語(병렬어)

左右(좌우)　春秋(춘추)　矛盾(모순)　→　融合語(융합어)

(2) 漢字 熟語(숙어)

❶ 2字 熟語

家族(가족)	經濟(경제)	供給(공급)	敎授(교수)
記錄(기록)	軍隊(군대)	農夫(농부)	踏査(답사)

❷ 3字 熟語

農漁村(농어촌)	信用狀(신용장)	額面價(액면가)	資金難(자금난)
騰落率(등락률)	大丈夫(대장부)	過怠料(과태료)	犯則金(범칙금)

❸ 4字 熟語

士農工商(사농공상)	東問西答(동문서답)	價格破壞(가격파괴)
課稅特例(과세특례)	法定管理(법정관리)	物物交換(물물교환)
公訴時效(공소시효)	公判節次(공판절차)	法定拘束(법정구속)

一口二言(일구이언)	一擧兩得(일거양득)	二者擇一(이자택일)
三旬九食(삼순구식)	三顧草廬(삼고초려)	四顧無親(사고무친)
四分五裂(사분오열)	七顚八起(칠전팔기)	七縱七擒(칠종칠금)

三綱五倫(삼강오륜)	父子有親(부자유친)	君臣有義(군신유의)
夫婦有別(부부유별)	長幼有序(장유유서)	朋友有信(붕우유신)

(3) 漢字語의 構造(구조)

❶ 竝列(병렬) 構造：意味가 類似하거나 또는 反對되는 글자끼리 結合된 關係

① 類似(유사) 關係(同類 關係)

樹木(수목)	森林(삼림)	滅亡(멸망)	君王(군왕)	談話(담화)
引導(인도)	停止(정지)	美麗(미려)	存在(존재)	海洋(해양)

② 對立(대립) 關係(相對 關係)

緩急(완급)	開閉(개폐)	問答(문답)	勝敗(승패)	善惡(선악)
多少(다소)	高低(고저)	明暗(명암)	喜怒(희로)	進退(진퇴)

③ 對等(대등) 關係

山川(산천)	草木(초목)	日月(일월)	金銀(금은)	桃李(도리)
父母(부모)	紙筆(지필)	花鳥(화조)	手足(수족)	兄弟(형제)

④ 疊語(첩어) 關係

堂堂(당당)	急急(급급)	漠漠(막막)	丁丁(정정)	坦坦(탄탄)
時時刻刻(시시각각)	坊坊曲曲(방방곡곡)	子子孫孫(자자손손)	形形色色(형형색색)	

⑤ 融合(융합) 關係

琴瑟(금슬)	秋毫(추호)	矛盾(모순)	白眉(백미)	光陰(광음)
春秋(춘추)	推敲(퇴고)	知音(지음)	弱冠(약관)	蛇足(사족)

❷ 修飾(수식) 構造：앞 글자가 修飾, 뒤 글자가 被修飾 關係

春花(춘화)	暗香(암향)	過食(과식)	靑山(청산)	美女(미녀)

❸ 主述(주술) 構造：앞 글자가 主語, 뒤 글자가 敍述語 關係

山靑(산청)	花開(화개)	地震(지진)	性急(성급)	水深(수심)

④ 述目(술목) 構造 : 앞 글자가 敍述語, 뒤 글자가 目的語 關係

讀書(독서)　　乘車(승차)　　成事(성사)　　易地(역지)　　成功(성공)

樂山(요산)　　立志(입지)　　植木(식목)　　救國(구국)

⑤ 補充(보충) 構造 : 앞 글자가 敍述語, 뒤 글자가 意味 補充 關係

歸鄕(귀향)　　登山(등산)　　有利(유리)　　無益(무익)　　如流(여류)

同價(동가)

⑥ 認定(인정) 構造 : 앞 글자가 뒤 글자의 否定, 肯定, 是非를 確認해 주는 關係

不正(부정)　　不斷(부단)　　是非(시비)　　是正(시정)　　未知(미지)

未亡(미망)　　毋論(무론)　　莫論(막론)

1 다음 漢字語를 읽고, 種類를 말해 보자.

所謂(　　)	天然(　　)	卓子(　　)	痛哉(　　)
春山(　　)	淸江(　　)	白鹿(　　)	赤旗(　　)
把握(　　)	探究(　　)	猪突(　　)	宣明(　　)
光陰(　　)	天下(　　)	白眉(　　)	推敲(　　)

2 다음 漢字語를 소리내어 읽고 써 보자.

獨占(　　)	東北(　　)	希望(　　)	觀察(　　)
價値(　　)	動靜(　　)	斟酌(　　)	感激(　　)

滯納金(　　　　)	拒否權(　　　　)
慶祝日(　　　　)	庚戌年(　　　　)
歷史的(　　　　)	參考書(　　　　)
春窮期(　　　　)	入學金(　　　　)

民族精神(　　　　)	感慨無量(　　　　)
名譽退職(　　　　)	民願相談(　　　　)
印鑑證明(　　　　)	强制調停(　　　　)
免責特權(　　　　)	公訴提起(　　　　)

八方美人(　　　　)	九死一生(　　　　)
十年減壽(　　　　)	十匙一飯(　　　　)
千篇一律(　　　　)	萬取千焉(　　　　)
針小棒大(　　　　)	形形色色(　　　　)
以心傳心(　　　　)	語不成說(　　　　)
衆寡不敵(　　　　)	難兄難弟(　　　　)

3 다음 同音漢字語(동음한자어)의 意味를 區別해 말해 보자.

錄音, 綠陰(　　　　　　　　　　　　　　　　　　　　)
矯監, 交感(　　　　　　　　　　　　　　　　　　　　)
不定, 否定(　　　　　　　　　　　　　　　　　　　　)
不貞, 不淨(　　　　　　　　　　　　　　　　　　　　)
異義, 異議(　　　　　　　　　　　　　　　　　　　　)
製作, 制作(　　　　　　　　　　　　　　　　　　　　)
最小, 最少(　　　　　　　　　　　　　　　　　　　　)
夫子, 父子(　　　　　　　　　　　　　　　　　　　　)

4 다음 竝列 構造 漢字語의 관계를 말해 보자.

樹木　滅亡　君王(　　　　　　　　　　　　　　　　　　)
緩急　開閉　問答(　　　　　　　　　　　　　　　　　　)
山川　草木　日月(　　　　　　　　　　　　　　　　　　)
堂堂　急急　漠漠(　　　　　　　　　　　　　　　　　　)
琴瑟　秋毫　矛盾(　　　　　　　　　　　　　　　　　　)

5 다음 漢字語를 소리내어 읽고, 구조를 말해 보자.

金銀, 桃李(　　　　　　　　　　　　　　　　　　　　)
引導, 停止(　　　　　　　　　　　　　　　　　　　　)
春花, 暗香(　　　　　　　　　　　　　　　　　　　　)
山靑, 花開(　　　　　　　　　　　　　　　　　　　　)
成事, 易地(　　　　　　　　　　　　　　　　　　　　)
登山, 有利(　　　　　　　　　　　　　　　　　　　　)
是正, 未知(　　　　　　　　　　　　　　　　　　　　)

4. 文章의 基礎

漢文의 文章을 構成하는 最小單位를 詞(單語)라고 한다. 이 詞가 結合하여 詞組(句)를 이루고, 詞나 詞組가 結合하여 句(文章)를 이룬다. 이 句를 이루는 詞 또는 詞組는 文章 안에서 어떤 職能(직능)을 하게 되는데 이를 成分이라고 한다. 文章 成分에는 主語(주어), 謂語(위어) 또는 敍述語(서술어), 賓語(빈어) 또는 目的語(목적어), 補語(보어), 定語(정어) 또는 冠形語(관형어), 狀語(상어) 또는 副詞語(부사어) 등이 있다.

(1) 基本 構造

文章의 基本 構造는 詞 또는 詞組 및 句의 結合 關係나 成分의 語法 關係를 가지고 區分한 것인데 聯合(연합) 構造, 主謂(주위) 構造, 動賓(동빈) 構造, 偏正(편정) 構造, 介詞(개사) 構造 등이 있다.

❶ 聯合 構造(竝列 構造)

詞나 詞組가 品詞나 成分에 關係없이 意味上 같거나 對比的 關係에 있는 것들이 모여서 對等한 關係로 結合된 構造를 말한다. 이 構造는 詞나 詞組 사이에 一般的으로 連詞(接續詞)인 與, 及, 且, 而 등이 쓰인다.

例　• 山川(산천) : 산과 내

• 天地人(천지인) : 하늘·땅·사람

• 飛潛動植(비잠동치) : 날짐승·물고기·육지 동물·식물

• 我與汝(아여여) : 나와 너

• 驕且侈(교차치) : 교만하고 또 사치스럽다.

• 鄕歌及吏讀(향가급이두) : 향가 및 이두

• 富而無驕(부이무교) : 부자이면서 교만함이 없다.

❷ 主謂 構造(主述 構造)

詞나 詞組가 主語와 謂語(敍述語)로 結合된 構造를 말한다. 이때 謂語는 主語 다음에 온다.

例　• 山靑(산청) : 산이 푸르다.

• 江深(강심) : 강이 깊다.

• 山花開落(산화개락) : 산 꽃이 피고 지다.

• 江鳥來去(강조래거) : 강 새가 오고 가다.

• 孔子聖人(공자성인) : 공자는 성인이다.

• 兄弟卽一體(형제즉일체) : 형제는 곧 한 몸이다.

• 生我者父母(생아자부모) : 나를 낳아준 분은 부모이다.

• 新沐者必彈冠(신목자필탄관) : 새로 머리를 감은 자는 반드시 모자를 턴다.

• 君子不語一口二言(군자불이일구이언) : 군자는 한 입으로 두 말을 하시 않는다.

③ 動賓 構造(述目 構造)

詞 또는 詞組가 謂語(敍述語)와 賓語(目的語)로 結合된 構造를 말한다.

例

- 見蟬(견선) : 매미를 보다.

- 聞鶯(문앵) : 꾀꼬리 소리를 듣다.

- 讀佛經(독불경) : 불경을 읽다.

- 較得失(교득실) : 득실을 따지다.

- 辨是非(변시비) : 시비를 가리다.

- 善騎竹馬(선기죽마) : 죽마를 잘 타다.

- 欲必就安(욕필취안) : 반드시 편안한 데 나아가고자 하다.

- 未聞昇天(미문승천) : 하늘에 오르는 것을 듣지 못했다.

- 不可好勝(불가호승) : 승리를 좋아할 수 없다.

- 不勝深醉(불승심취) : 심하게 취함을 이기지 못하다.

- 得天下英才(득천하영재) : 천하의 영재를 얻다.

- 非風雨莫可起松聲(비풍우막가기송성) : 비바람이 아니면 소나무 소리를 일으킬 수 없다.

- 難知孤花開在深林(난지고화개재심림) : 외로운 꽃이 깊은 숲에 피어 있는 것은 알기 어렵다.

④ 偏正 構造(修飾 및 限定 構造)

詞 또는 詞組가 結合하되, 하나는 中心語가 되고, 다른 하나는 附加語가 되어서 中心語 앞에서 修飾 또는 限定하는 結合 構造를 말한다. 附加語에는 定語(冠形語)와 狀語(限定語)가 있다. 一般的으로 定語와 中心語 사이에는 介詞(語助辭) '之'가 사용되고, 狀語와 中心語 사이에는 介詞 '而'가 사용된다.

例　• 靑山(청산) : 푸른 산

　• 韓國人(한국인) : 한국 사람

　• 我朝鮮人(아조선인) : 우리 조선 사람

　• 風之聲(풍지성) : 바람 소리

　• 松竹之聲以風而起(송죽지성이풍이기) : 소나무 대나무의 소리는 바람으로
　　일어난다.

　• 葉必黃(엽필황) : 나뭇잎은 반드시 노랗게 된다.

　• 當夜而宿(당야이숙) : 밤이 되어서 자다.

　• 飮而不食者蟬也(음이불식자선야) : 마시기만 하고 먹지 않는 것은 매미다.

⑤ 介詞 構造

　介詞(前置詞, 後置詞)와 介詞賓語(目的語)가 結合된 構造를 말한다. 대개
介詞는 場所, 行爲 對象, 行爲 主動者, 比較의 對象 등과 같은 補充語와 結合
된다.

例　• 爲人謀(위인모) : 남을 위해서 계책을 내다.

　• 以扇揮(이선휘) : 부채로 부치다.

　• 靑出於藍(청출어람) : 남색에서 청색이 나오다.

　• 不以秋扇揮(불이추선휘) : 가을 부채는 부치지 않는다.

　• 霜葉紅於二月花(상엽홍어이월화) : 단풍이 봄꽃보다 붉다

　• 以霜雪不能易竹色(이상설불능역죽색) : 눈서리로도 대나무 색을 바꿀 수
　　없다.

　• 啼於春林者非鳥而何(제어춘림자비조이하) : 봄 숲에서 우는 것이 새가 아니
　　면 무엇일까?

(2) 句(文章)의 種類

❶ 單句(單文)

하나의 主謂 構造(主述 構造)로 되어 있는 文을 말한다. 하나의 主謂 構造가 한 成分으로 機能을 하면(抱有文) 이것 역시 單句라고 한다.

例
- 光陰者 百代之過客(광음자 백대지과객) : 세월은 백대의 나그네이다.
- 杜甫 遊於江南(두보 유어강남) : 두보가 강남에서 놀다.
- 貧賤之交 不可忘(빈천지교 불가망) : 가난할 때 사귐은 잊을 수가 없다.
- 行善之人 如春園之草 不見其長 日有所增(행선지인 여춘원지초 불견기장 일유소증) : 선을 행하는 사람은 봄 정원의 풀과 같아서 그 자람을 보지 못하나 날마다 자람이 있다.

❷ 複句(複文)

한 句(文章)에 두 개 이상의 主謂 構造(主述 構造)로 되어 있으면서 각각이 分句를 이룬 形態를 말한다. 이 分句는 對等 關係 또는 主從 關係를 이룬다.

例
- 仁者樂山 智者樂水(인자요산 지자요수) : 인자는 산을 좋아하고 지자는 물을 좋아한다.
- 天時不如地利 地利不如人和(천시불여지리 지리불여인화) : 하늘의 때는 지세의 유리함만 같지 못하고, 지세의 유리함은 사람들이 화합하는 것만 같지 못하다.
- 同明相照 同類相求(동명상조 동류상구) : 밝음이 같으면 서로 비추고, 무리가 같으면 서로 구한다.
- 一日行善 福雖未至 禍自遠矣(일일행선 복수미지 화자원의) : 하루 선을 행하면 복은 비록 이르지 않더라도 화는 스스로 멀리 할 수 있다.
- 君子之交 淡如水 小人之交 甘若醴(군자지교 담여수 소인지교 감약례) : 군자의 사귐은 담박하기가 물과 같고, 소인의 사귐은 달기가 단술과 같다.

1 다음 句文의 構造를 區分해 말해 보자.

(1) 富而無驕

(2) 兄弟卽一體

(3) 得天下英才

(4) 飮而不食者蟬也

(5) 霜葉紅於二月花

2 다음 句文을 飜譯하고, 그 種類를 말해 보자.

(1) 光陰者 百代之過客

(2) 君子之交 淡如水 小人之交 甘若醴

(3) 行善之人 如春園之草 不見其長 日有所增

(4) 天時不如地利 地利不如人和

제 2 편

故事와 成語

1. 螢雪之功

晉車胤은 幼恭勤博覽하고 家貧하여 不常得油라

夏月에 以練囊으로 盛數十螢火하고

照書讀之하되 以夜繼日이라 後에 官至尙書郎이로다.

今人이 以書窓爲螢窓은 由此也로다.

晉孫康은 少淸介하여 交遊不雜하고

家貧無油하여 嘗映雪讀書하니라.

後에 官至御史大夫이로다.

今人이 以書案爲雪案은 由此也로다.

— 『晉書』

■ 漢字 풀이

晉 나라 이름 진	車 성 치	胤 이을 윤	幼 어릴 유	恭 공손할 공
勤 부지런할 근	博 넓을 박	覽 볼 람	貧 가난할 빈	油 기름 유
夏 여름 하	練 누빈 명주 련	囊 주머니 낭	盛 성할 성	數 여러 수
螢 개똥벌레 형	照 비칠 조	讀 읽을 독	夜 밤 야	繼 이을 계
後 뒤 후	官 벼슬 관	至 이를 지	尙 숭상할 상	郎 사나이 랑

今 이제 금　　窓 창 창　　由 말미암을 유　　孫 성 손　　康 편안할 강
少 젊을 소　　清 맑을 청　　介 기개 개　　交 사귈 교　　遊 놀 유
雜 섞일 잡　　嘗 일찍이 상　　映 비출 영　　雪 눈 설　　御 어거할 어
史 역사 사

- 晉車胤(진차윤) : 진 나라 사람 차윤, 학자이며 정치가.
- 幼恭勤博覽(유공근박람) : 어려서 공손 근면하고 책을 널리 읽어서 본 것이 많았다.
  〈恭勤博覽 : '恭勤不倦 博覽多通'의 줄임말로 공손하고 부지런하여 게으르지 않고, 본 것이 많아서 통하는 것이 많다.
- 家貧不常得油(가빈불상득유) : 집이 가난하여 항상 기름을 얻지 못했다.
- 夏月以練囊(하월이연낭) : 여름철이면 얇은 비단 주머니로
  〈以 : 語助辭, ~써, ~(으)로.
- 盛數十螢火(성수십형화) : 수십 마리의 반딧불을 채워
- 照書讀之(조서독지) : 책에 비추어 독서하였다.
  〈之 : 後置詞 지시적 의미.
- 以夜繼日(이야계일) : 밤으로써 낮을 잇다. 밤낮으로
- 官至尙書郎(관지상서랑) : 벼슬이 상서랑(중국의 벼슬 명)에 이르렀다.
- 今人 以書窓爲螢窓(금인 이서창위형창) : 지금 사람들이 서재의 창을 형창이라 하였다.
  〈書窓 : 방안의 조명을 위해서 만든 창으로 독서하는 데 활용함으로 서창이라 함.
- 晉孫康(진손강) : 진 나라 사람 손강. 학자, 정치가.
- 少清介(소청개) : 어려서 마음이 맑고 깨끗하였다.
- 交遊不雜(교우부잡) : 남과 사귀어 섞이지 않았다.
- 嘗映雪讀書(상영설독서) : 일찍이 눈에 비추어 독서를 한 적이 있었다.
- 御史大夫(어사대부) : 중국의 벼슬 이름.
- 今人 以書案爲雪案(금인 이서안위설안) : 지금 사람들이 책상을 설안이라 하였다.

○
『晉書』: 중국 晉 나라 역사서

38

主語, 述語, 賓語가 순서대로 배열되어 있는 구형이다.

　例文　仁 人心也 義 人格也 : 인은 인심이고 의는 인격이다.

여기서 '仁'과 '義'는 主語이고, '人心也'와 '人格也'는 述語인데 술어는 名詞에 語助辭 '也' 또는 '矣'가 붙어서 된다.

　例文　晉孫康 嘗映雪讀書 : 진 손강은 일찍이 눈에 비추어 책을 읽은 적이 있다.

여기서 '晉孫康'은 주어, '讀'은 술어, '書'는 빈어인데 '書'처럼 語助辭('也' 또는 '矣')가 없어도 술어가 된다.

　例文　家貧 不常得油 : 집이 가난하여 항상 기름을 얻지 못하였다.

여기서는 주어가 없는데 이것은 앞 문장의 주어와 동일하거나 일반적인 사람이나 사물인 경우에 생략되기도 한다.

　例文　學問之道 無他 求其放心而已矣 : 학문의 도는 다름이 아니라 그 놓아버린 마음을 구하는 것일 따름이다.

술어의 종지형에 '而已矣'처럼 語助辭가 셋이나 겹쳐 쓰이는 경우도 있으나 이것은 話者의 語調를 나타낸다.

1 다음 漢字의 訓과 音을 써보자.

晉( )	車( )	胤( )	幼( )
恭( )	勤( )	博( )	覽( )
貧( )	油( )	夏( )	練( )
囊( )	盛( )	數( )	螢( )
照( )	讀( )	夜( )	繼( )
後( )	官( )	至( )	尙( )
郎( )	今( )	窓( )	由( )
孫( )	康( )	少( )	淸( )
介( )	交( )	遊( )	雜( )
嘗( )	映( )	雪( )	御( )

2 다음 句文을 飜譯하고, 主語部와 述語部로 區分해 보자.

(1) 晉車胤 幼恭勤博覽 家貧不常得油

(2) 今人 以書窓爲螢窓

(3) 晉孫康 少淸介 交遊不雜

(4) 知者不惑 仁者不憂 勇者不懼

(5) 學問之道 無他 求其放心而已矣

2. 矛盾

楚人有鬻楯與矛者가 譽之曰 吾楯之堅은 物莫能陷也라 하고

又譽其矛曰 吾矛之利는 於物無不陷也라 하니

或曰 以子之矛로 陷子之楯이면 何如오 하거늘

其人이 弗能應也로다.

夫不可陷之楯與無不陷之矛는 不可同世而立이로다.

―〈韓非子〉

■ 漢字 풀이

矛 자루 긴 창 모	楯 방패 순	楚 나라 이름 초	鬻 팔 육	譽 기릴 예
堅 굳을 견	莫 없을 막	陷 빠질 함	利 날카로울 리	何 어찌 하
弗 아니 불	應 응할 응	夫 발어사 부	楯 난간 순, 방패 순(盾과 통용)	

■ 句文 註釋

- 楚人有鬻楯與矛者(초인유죽순여모지) : 초 나라 사람 중에 방패와 창을 파는 사가 있어
  〈鬻·팔다. 與·과.〉

- 譽之曰 吾楯之堅 物莫能陷也(예지왈 오순지견 물막능함야) : 자랑하여 말하기를, "내 방패의 단단함은 어느 물건으로도 무너뜨릴 수가 없다."라 하고
  〈吾 : 一人稱代名詞 나. 楯 : 방패. 堅 단단함. 莫 : 부정사 없다. 能 : 능히 ~을 수~. 陷 : 무너뜨리다.

- 又譽其矛曰 吾矛之利 於物無不陷也(우예기모왈 오모지리 어물무불함야) : 또 그 창을 자랑하여 말하기를, "내 창의 날카로움은 어느 물건이나 무너뜨리지 못함이 없다."라 하였다.
  〈이중부정 구문. 利 : 날카롭다. 於 : 전치사 ~에. 物 : 물건.

- 或曰 以子之矛 陷子之楯 何如(혹왈 이자지모 함자지순 하여) : 어떤 사람이 말하기를, "그대의 창으로 그대의 방패를 찌른다면 어찌되겠는가?"라 하니
  〈以 : 前置詞 ~(으)로써, ~을 가지고. 子 : 二人稱代名詞 너, 당신. 何 : 어찌. 如 : ~같다.

- 其人弗能應也(기인불능응야) : 그 사람이 능히 응대하지 못하였다.
  〈其 : 지시관형사 그. 弗 : 부정사 아니. 應 : 응대. 也 : 단정적 의미를 가진 語助辭.

- 夫不可陷之楯與無不陷之矛 不可同世而立(부불가함지순여무불함지모 불가동세이립) : 대범 뚫리지 않는 방패와 뚫지 못할 것이 없는 창은 동시에 있을 수 없다.
  〈夫 : 발어사 대범. 不可 : ~을 수 없다. 無不 : 二重否定 ~아니함이 없다. 同世 : 같은 시대. 立 : 서다.

◎

韓非子 : 중국의 法家 哲學者인 韓非子(?~B.C. 233)의 語錄을 모아 엮은 것으로 法家思想을 논한 책

動作, 狀態 혹은 事物을 否定하는 뜻을 나타내는 句形.
부정사로는 不 또는 弗(~않다), 毋, 無 또는 勿(~말라), 未(아직 ~하지 아니하다), 非(~이 아니다), 莫(무엇으로도 또는 아무것으로도 ~ 없다) 등이 있다.

- 二重否定(이중부정)은 강한 긍정을 나타내는 것으로 不~ 不~ 또는 不~ 無~(~하지 않으면 안 된다, ~하지 아니한 바가 없다), 無~ 不~ 또는 無~ 無~(~하지 아니함이 없다), 莫不~(~하지 않으면 안 된다), 無非~(~하지 아니함이 없다).
- 部分否定(부분부정)은 不常~(항상 ~하는 것은 아니다), 不必~(반드시 ~하는 것은 아니다).
- 全部否定(전부부정)은 常不~(항상 ~이 아니다), 必不~(반드시 ~이 아니다) 不敢~(감히 ~하지 못한다). 그러나 敢不~乎(감히 ~아니할 수 있겠는가?)는 反語形이다.

例文　不聞花落聲 : 꽃이 지는 소리를 듣지 못한다.
　　　月出未知夜 : 달이 뜨니 밤인 것을 알지 못한다.
　　　日未出露多 : 해가 뜨지 않으니 이슬이 많다.
　　　非難知 : 알기 어렵지 않다.
　　　不食無飽 : 먹지 않으면 배부르지 않다. 二重否定
　　　非飮莫醉 : 마시지 않으면 취하지 않는다. 二重否定
　　　無所不至 : 이르지 아니한 바가 없다. 二重否定
　　　無非事者也 : 일 아닌 것이 없다. 二重否定
　　　雖有嘉肴 弗食 不知其旨也 : 좋은 안주가 있어도 먹지 않으면 그 맛을 모른다. 二重否定
　　　仁者必有勇 勇者不必有仁 : 어진 자는 반드시 용기가 있지만, 용기 있는 자가 반드시 어진 것은 아니다. 部分否定
　　　不敢請耳 固所願 : 감히 청하지는 못하지만 진실로 바라는 바이다. 全部否定
　　　國王無妄語 吾敢不順乎 : 국왕은 허망한 말이 없는 법이니 내 감히 순종하지 않겠습니까? 反語形
　　　行父母之遺體 敢不敬乎 : 부모가 남겨준 몸을 행하되, 감히 공경하지 아니할 수 있겠는가? 反語形

1 다음 漢字의 訓과 音을 써보자.

楚(   )   鬻(   )   盾(   )   矛(   )

譽(   )   堅(   )   莫(   )   陷(   )

利(   )   何(   )   弗(   )   應(   )

2 다음 否定 句文을 飜譯해 보자.

(1) 吾楯之堅 物莫能陷也

(2) 吾矛之利 於物無不陷也

(3) 仁者必有勇 勇者不必有仁

(4) 不敢請耳 固所願

(5) 夫不可陷之楯與無不陷之矛 不可同世而立

(6) 非禮勿視 非禮勿聽 非禮勿言 非禮勿動

3. 刻舟求劍

楚人有涉江者가 其劍이 自舟中墜於水라.

遽刻其舟曰 是가 吾劍之所從墜라 하고

舟止하니 從其所契者하여 入水求之나

舟已行矣하고 而劍不行이라.

求劍若此하니 不亦惑乎아.

以此古法으로 爲其國하면 與此同이라.

時已徙矣니 以此爲治하면 豈不難哉오.

—『呂氏春秋』

■ 漢字 풀이

涉 건널 섭	劍 칼 검	墜 떨어질 추	遽 바꿀 기	刻 새긴 기
從 따를 종	止 그칠 지	契 맺을 계	若 같을 약	亦 또 역
惑 미혹할 혹	此 이 차	爲 하 위	國 나라 국	時 때 시
徙 옮길 사	治 다스릴 치	豈 어찌 기	難 어려울 난	

- 楚人有涉江者(초인유섭강자) : 초 나라 사람으로 물을 건너는 자가 있었는데
  〈涉 : 물을 건너다. 者 : 놈, 사람, 것, 일 등 사람이나 물건 일 등을 의미함.

- 其劍自舟中墜於水(기검자주중추어수) : 그 칼이 배에서 물에 떨어졌다.
  〈自 : ~로부터. 墜 : 떨어지다. 於 : 처소를 나타내는 前置詞 ~에.

- 遽刻其舟曰(거각기주왈) : 즉시 그 배에 (칼이 떨어진 곳을) 새기며 말하기를,
  〈遽 : 황급히. 刻 : 새기다.

- 是吾劍之所從墜(시오검지소종추) : "여기가 내 칼이 떨어진 곳이다."라 하고
  〈是 : 여기. 吾 : 一人稱代名詞 나. 之 : 後置詞 ~의. 所 : ~바, 일정한 지역, 자리, 위치 지위 등을 나타냄.

- 從其所契者(종기소계자) : 그 새겨 둔 바를 따라서
  〈契 : 인연이나 관계 등을 맺다, 이루다, 약속하다.

- 入水求之(입수구지) : 물에 들어가 구했다.
  〈之 : 後置詞 지시적 의미.

- 舟已行矣(주이행의) : 배는 이미 지나갔다.
  〈已 : 이미. 矣 : 단정, 결정, 한정, 의문, 반어 등의 뜻을 나타내는 終結語助辭.

- 而劍不行(이검불행) : 그러나 칼은 가지 않았다.
  〈而 : 逆接 語助辭 그러나.

- 求劍若此(구검약차) : 칼을 구하기가 이와 같으니
  〈若 : 같다. 此 : 近稱代名詞 이와.

- 不亦惑乎(불역혹호) : 또한 미혹이 아니겠는가?
  〈不亦~乎 : 反語形 또한 ~이 아닌가? 惑 : 미혹하다, 정신을 헷갈리게 하다.

- 以此古法 爲其國 與此同(이차고법 위기국 여차동) : 이 옛 법으로 나라를 다스리면 이와 같이 된다.
  〈以 : 前置詞 ~로써. 爲 : 다스리다. 與 : 비교형 ~와(과) ~하다.

- 時已徙矣(시이사의) : 때가 이미 지나갔는데
  〈徙 : 지나다.

- 以此爲治(이차위치) : 이로써 정치를 한다면

- 豈不難哉(기불난재) : 어찌 어렵지 않으리오?
  〈豈 : 反語形 語助辭 어찌. 難 : 어렵다. 哉 : 反語形 終結語助辭.

『呂氏春秋』: 중국 진(秦) 나라의 재상 여불위(呂不韋, ?~B.C. 235)가 선진(先秦)시대의 여러 학설과 사실(史實)·설화를 모아 편찬한 책. 전 26권으로 된 백과전서이나 후대의 가필도 약간 포함되어 있다.

어느 하나를 다른 것과의 상태나 성질의 정도 또는 우열을 나타내는 형태의 구문이다.

- 形容詞 + 前置詞(於, 乎, 于) + 比較되는 사물의 경우
    例文 國之語音 異乎中國 : 나라 말씀이 중국과 다르다.
    靑取之於藍 而靑於藍 : 청색은 남색에서 취했지만 남색보다 푸르다.

- 莫 + 形容詞 + 前置詞(於, 乎, 于) + 比較되는 사물 또는 莫 + 形容詞 + 焉의 경우(최상급 비교)
    例文 莫重於太山 莫輕於鴻毛 : 태산보다 무거운 것은 없고 홍모보다 가벼운 것은 없다.
    過而能改 善莫大焉 : 잘못을 해도 고칠 수만 있다면 선행이 이보다 더 큰 것은 없다.

- 不如(不若, 莫若)의 경우
    例文 不若投諸江而忘之 : 강에 던져 그것을 잊는 것만 같지 못하다.(諸 : 之於의 縮約形)
    如恥之 莫若師文土 : 이를 부끄러워한다면 문왕을 본받는 것만 같지 못하다.

- 如의 경우
    例文 如我能將幾何 : 나 같으면 얼마나 거느릴 수 있겠는가?

1 다음 漢字의 訓과 音을 써보자.

涉(　　　)　　劍(　　　)　　墜(　　　)　　遽(　　　)
刻(　　　)　　從(　　　)　　止(　　　)　　契(　　　)
若(　　　)　　亦(　　　)　　惑(　　　)　　此(　　　)
爲(　　　)　　國(　　　)　　時(　　　)　　徙(　　　)
治(　　　)　　豈(　　　)　　難(　　　)

2 다음 比較形 句文을 飜譯해 보자.

(1) 求劍若此 不亦惑乎

(2) 以此古法 爲其國 與此同

(3) 如我能將幾何

(4) 國之語音 異乎中國

(5) 靑取之於藍 而靑於藍

(6) 人之不學 如登天而無術

(7) 莫重於太山 莫輕於鴻毛

4. 漁父之利

趙且伐燕할새 蘇代爲燕하여

謂惠王曰 今日臣過易水라가

蚌方出曝하고 而鷸啄其肉하니 蚌合而箝其啄이라.

鷸曰 今日不雨하고 明日不雨히면 即有死蚌이라 하고

蚌亦謂鷸曰 今日不出하고 明日不出하면 即有死鷸이라 한데

兩者가 不肯相舍에 漁者가 得而幷擒之라.

今趙且伐燕할새 燕趙久相攻으로 以敝大衆이라.

臣은 恐强秦之爲漁夫也라.

願컨대 大王은 熟計之也하소서 하니

惠王 曰 善타 하다.

―『戰國策』

□ 漢字 풀이

趙 나라 이름 조	且 또 차	伐 칠 벌	燕 나라 이름 연	蘇 소생할 소
代 내신 내	謂 이를 위	臣 신하 신	過 지날 과	易 킹 이름 억

蚌 조개 방	方 모 방	曝 쬘 폭	鷸 도요새 휼	啄 쫄 탁
肉 고기 육	箝 재갈 먹일 겸	雨 비 우	卽 곧 즉	死 죽을 사
肯 옳이 여길 긍	相 서로 상	舍 집 사	漁 고기잡을 어	得 얻을 득
幷 아우를 병	擒 사로잡을 금	久 오랠 구	相 서로 상	攻 칠 공
敝 해질 폐	衆 무리 중	秦 나라 이름 진	願 원할 원	熟 익을 숙
計 꾀 계	善 착할 선	戰 싸울 전	策 꾀 책	

□ 句文 註釋

- 趙且伐燕(조차벌연) : 조 나라가 장차 연 나라를 치려고 하자,
  〈且 : 장차, 미래의 의미.

- 蘇代爲燕(소대위연) : 소대가 연 나라를 위해서
  〈蘇代 : 전국시대 遊說客. 爲 : 위하여.

- 謂惠王 曰(위혜왕왈) : 혜왕에게 일러 가로되,
  〈謂 : 이르다. 惠王 : 조 나라 임금 惠文王.

- 今日臣過易水(금일신과역수) : "오늘 신이 역수를 지나오는데
  〈臣 : 왕 앞에서 자신을 가리키는 一人稱代名詞. 易水 : 中國 涿郡(탁군)에 있는 강 이름.

- 蚌方出曝 而鷸啄其肉(방방출폭 이휼탁기육) : 조개가 바야흐로 물에서 나와 볕을 쬐고 있는데 물총새가 그 살을 쪼니,
  〈方 : 부사 의미는 바야흐로. 而 : 順接 語助辭.

- 蚌合而箝其啄(방합이겸기탁) : 조개가 입을 닫아 그 부리를 물고 늘어졌습니다.
  〈箝其啄 : 조개가 물총새 부리를 물고 있는 형상을 말함.

- 鷸日 今日不雨 明日不雨 卽有死蚌(휼왈 금일불우 명일불우 즉유사방) : 물총새가 말하기를, '금일도 비가 오지 않고 내일도 비가 오지 않으면 곧 죽은 조개가 있을 뿐이다.'라 하고,
  〈假定文. 卽 : 곧.

- 蚌日 今日不出 明日不出 卽有死鷸(방왈 금일불출 명일불출 즉유사휼) : 조개가 말하기를 '오늘도 떠나지 못하고 내일도 떠나지 못하면 곧 죽은 물총새가 있을 뿐이다.'라고 하며,
  〈假定文.

- 兩者 不肯相舍(양자 불긍상사) : 둘이 즐겨 서로 놓으려 하지 않고 있으니,
  〈兩者 : 조개와 물총새를 가리킴. 舍 : 古文에서는 捨 '놓다'와 같은 의미로 쓰임.

- 漁者 得而幷擒之(어자 득이병금지) : 어부가 둘을 사로잡았습니다.
  〈 幷 : 아우르다. 擒之 : 사로잡다. 之는 조개와 물총새를 가리키는 語助辭.

- 燕趙久相攻 以敝大衆 (연조구상공 이폐대중) : 연 나라와 조 나라가 오래도록 서로 싸워서 그 때문에 대중은 피폐해졌습니다.
  〈 以 : 前置詞 그 까닭으로.

- 臣恐强秦之爲漁夫也(신공강진지위어부야) : 신은 강한 진 나라가 어부가 될까 두렵습니다.
  〈 之 : 後置詞 ~의. 爲 : 되다. 也 : 화자의 의견을 단정적으로 표현하는 語助辭. 漁夫 : 漁父와 통용.

- 願大王 熟計之也(원대왕 숙계지야) : 원하건대 대왕께서는 잘 계산해 보십시오."라 하니,
  〈 命令文.

- 惠王 曰 善(혜왕 왈 선) : 혜왕이 말하기를 "좋다."라 하였다.

○

『戰國策』: 중국 漢나라 劉向이 편찬한 戰國時代의 역사서

참고 命令形 句文이란?

화자가 청자에게 명령하는 형식의 구문을 말한다. 이것은 동사만을 사용하여 명령형 구문을 만들 수 있지만, 간곡한 청을 나타낼 때에는 '請, 願' 등을 첨가한다. 금지 명령의 경우에는 '不, 勿, 莫, 無' 등이 사용된다.

例文 扶而去之 : 부축하고 떠나라.
願擇於二者 : 바라건대 두 가지 중에서 고르라.
無道人之過 : 남의 허물을 말하지 마니.
勿謂今日不學而來日 : 오늘 배우지 아니하고 내일을 이르지 말라.

1 다음 漢字의 訓과 音을 써보자.

代( )	謂( )	臣( )	過( )
易( )	蚌( )	方( )	曝( )
鷸( )	啄( )	肉( )	箝( )
雨( )	卽( )	死( )	肯( )
相( )	舍( )	漁( )	得( )
幷( )	擒( )	久( )	相( )
攻( )	敝( )	衆( )	秦( )
願( )	熟( )	計( )	善( )
戰( )	策( )		

2 다음 命令形 句文을 飜譯해 보자.

(1) 願大王 熟計之也

(2) 扶而去之

(3) 願擇於二者

(4) 無道人之過

(5) 勿謂今日不學而來日

(6) 毋友不如己者

(7) 王如知此 則無望民之多於隣國也

5. 多多益善

高祖가 嘗從容問信하여 諸長이 能將兵多少라.

上曰 如我면 能將幾何오 하니

信曰 陛下는 不過將十萬이니이다 하고

上曰 於君에 何如오 하니

信曰 臣은 多多益善이니이다 하다

上笑曰 多多益善이면 何以爲我禽이오아 하니

曰 陛下는 不能將兵而能將將이라 此所以爲陛下禽이라.

且陛下는 所謂天授이며 非人力也니이다 하다.

— 「十八史略」

■ 漢字 풀이

高 높을 고	祖 할아비 조	從 따를 종	容 얼굴 용	問 물을 문
信 믿을 신	諸 여러 제	長 긴 장	將 거느릴 장	兵 병사 병
多 많을 다	如 같을 여	我 나 아	幾 몇 기	何 어찌 하
陛 섬돌 폐	萬 일만 만	於 어조사 어	君 임금 군	益 더할 익
笑 웃을 소	禽 새 금, 사로잡을 금(擒과 통용)		此 이 차	所 바 소
授 줄 수	非 아닐 비			

- 高祖 嘗從容問信 諸長能將兵多少(고조 상종용문신 제장 능장병다소) : 한 고조가 조용히 여러 장수들이 장병을 얼마나 거느릴 수 있는가를 한신에게 물은 적이 있었다.
  〈高祖 : 漢 나라 건국 劉邦의 諡號. 項羽와 같이 秦 나라를 쳐서 멸망시키고 뒤에 항우를 쳐서 천하를 통일. 嘗 : 일찍이 ∼한 적이 있다. 從容 : 가만히. 信 : 韓信 한 고조를 도와 한 나라를 세운 장수로 楚王 淮陰候로 봉해졌으나 呂后와 蕭何의 모략으로 모반죄에 걸려 삼족이 멸족. 將 : 거느리다. 多少 : 많고 적음. 여기서는 얼마나.

- 上曰 如我 能將幾何(상왈 여아 능장기하) : 왕이 말하기를, "나 같으면 얼마나 거느릴 수 있겠는가?"라 하니,
  〈如 : ∼같으면. 幾何 : 얼마나.

- 信曰 陛下 不過將十萬(신왈 폐하 불과장십만) : 한신이 말하기를, "폐하는 십만을 거느린 데 불과합니다."라 하고,
  〈陛下 : 본의는 섬돌 아래에 서 있는 사람. 높은 사람을 아랫사람이 함부로 부를 수 없기 때문에 그 아래에서 일하는 사람을 불러 상대를 가리키는 존경의 호칭. 여기서는 한 고조를 지칭. 不過 : 지나지 않음.

- 上曰 於君 何如(상왈 어군 하여) : 임금이 말씀하시기를, "그대에게 있어서는 어떠한가?"라 하니
  〈上 : 임금을 지칭. 君 : 二人稱 代名詞 그대. 於 : 前置詞 ∼에 있어서. 何如 : 어떠한가?

- 信曰 臣 多多益善(신왈 신 다다익선) : 한신이 말하기를, "신은 많으면 많을수록 더욱 좋습니다."라 하였다.
  〈多多 : 많으면 많을수록. 益善 : 더욱 좋다.

- 上笑曰 何以爲我禽(상소왈 하이위아금) : 상이 웃으면서 말하기를, "어찌하여 내게 잡힌 바가 되었는가?"라 하니,
  〈何以 : 어찌하여. 爲 : 被動 ∼되다. 禽 : 본의는 날짐승. 여기서는 사로잡힐 擒과 통함.

- 曰 陛下 不能將兵而能將將 此所以爲陛下禽(왈 폐하불능장병이능장장 차소이위폐하금) : 말하기를, "폐하는 병사를 거느리는 것이 아니라 장수를 거느릴 수 있다는 것이니 이것이 폐하에게 (제가) 사로잡히게 된 까닭입니다."라 하였다.
  〈將將 : 앞의 將은 거느리다. 뒤의 將은 장수. 所以 : ∼으로 된 바, 까닭, 이유.

- 且陛下 所謂天授 非人力也(차폐하 소위천수 비인력야) : "또 폐하는 이른바 하늘이 낸 분이니 사람의 힘이 아닙니다."라 하였다.
  〈且 : 또. 所謂 : 이른 바. 天授 : 하늘이 내다.

『十八史略』: 중국 元 나라 曾善之(증선지)가 중국 十八史를 간추려 初學者 讀本用으로 편찬한 史書

句文의 주어가 다른 主動者에 의해서 행해지는 동작을 받는 형식을 말한다. 被動의 의미로 '見, 爲, 被' 등이 사용되는 경우를 비롯해서 他動詞 + '於, 乎, 于'의 구형, 被動詞 + '見, 爲'의 구형, '爲~所~'의 구형, 그리고 의미상으로 被動으로 해석되는 경우 등이 있다.

例文 百姓之不見保 爲不用恩焉 : 백성이 보호되지 못하는 것은 은혜를 쓰지 않아서이다.
卒爲天下笑 : 마침내 천하의 웃음거리가 되다.
信而見疑 忠而被謗 能無怨乎 : 신의를 바쳤으나 의심을 받고, 충성을 했으나 비방을 받는다면 원망이 없을 수 있겠는가?
不信乎朋友 不獲乎上矣 : 친구에게 믿음을 얻지 못하면 윗사람에게도 (신임을) 얻지 못한다.
勞心者治人 勞力者治於人 : 마음을 수고롭게 하는 자는 남을 다스리고 힘을 수고롭게 하는 자는 남에게 다스림을 당한다.
先則制人 後則爲制於人 : 앞설 것 같으면 남을 제압하고, 뒤선 것 같으면 남에게 제압당하게 된다.
仁則榮 不仁則辱 : 어질 것 같으면 영화가 되고, 어질지 못하면 욕이 된다.

1 다음 漢字의 訓과 音을 써보자.

高( )	祖( )	從( )	容( )
問( )	信( )	諸( )	長( )
將( )	兵( )	多( )	如( )
我( )	幾( )	何( )	陛( )
萬( )	於( )	君( )	盍( )
笑( )	禽( )	此( )	所( )

2 다음 被動形 句文을 飜譯해 보자.

(1) 何以爲我禽

(2) 卒爲天下笑

(3) 百姓之不見保 爲不用恩焉

(4) 信而見疑 忠而被謗 能無怨乎

(5) 陛下 不能將兵而能將將 此所以爲陛下禽

(6) 不信乎朋友 不獲乎上矣

(7) 勞心者治人 勞力者治於人

(8) 先則制人 後則爲制於人

6. 轉禍爲福

夫禍福之轉而相生은 其變이 難見也라.

近塞上之人에 有善術者라가

馬無故亡而入胡하여 人皆弔之하니

其父曰 此何遽不爲福乎아 하고

居數月 其馬將胡駿馬而歸하여 人皆賀之하니

其父曰 此何遽不能爲禍乎아 한데

家有良馬하고 其子好騎하여 墮而折其髀하니 人皆弔之라.

其父曰 此何遽不爲福乎아 하고

居一年에 胡人이 大入塞하여 丁壯者가 引弦而戰하여

近塞之人이 死者가 十九라.

此는 獨以跛之故로 父子相保하니

故福之爲禍하고 禍之爲福하여 化不可極하여 深不可測也라.

— 『淮南子』

夫 대저 부	禍 재앙 화	福 복 복	轉 구를 전	變 변할 변
近 가까울 근	塞 변방 새	術 재주 술	馬 말 마	故 옛 고
胡 되놈 호	皆 다 개	弔 조문할 조	居 살 거	駿 빼어날 준
歸 돌아갈 귀	賀 하례 하	家 집 가	良 좋을 양	好 좋을 호
騎 말 탈 기	墮 떨어질 타	折 부러질 절	髀 넓적다리뼈 비	丁 사내 정
壯 씩씩할 장	引 끌 인	弦 시위 현	戰 싸울 전	死 죽을 사
獨 홀로 독	跛 절뚝발이 파	保 지킬 보	化 화할 화	極 극할 극
深 깊을 심	測 헤아릴 측	淮 강 이름 회	南 남녘 남	

• 夫禍福之轉而相生(부화복지전이상생) : 대저 화와 복이 변해서 서로 생기는
〈夫 : 발어사로 대저. 轉 : 변하다. 相生 : 서로 생겨남.

• 其變 難見也(기변 난견야) : 그 변화는 예견하기 어렵다.

• 近塞上之人 有善術者(근새상지인 유선술자) : 변방 가까이 사는 사람으로 점을 잘 치는 자가 있었다.
〈塞 : 변방 새, 막힐 색 등으로 쓰이나 여기서는 변방의 의미. 善術 : 꾀, 계략 예언 등을 잘함.

• 馬無故亡而入胡(마무고망이입호) : 말이 까닭도 없이 도망하여 오랑캐 땅으로 들어 가니,
〈而 : 順接 語助辭.

• 人皆弔之(인개조지) : 사람들이 모두 위로하였다.

• 其父日 此何遽不爲福乎(기부왈 차하거불위복호) : 그 아비가 말하기를, "이것이 어찌 바로 복이 되지 않겠는가?"라 하고,
〈被動, 反語形.

• 居數月 其馬將胡駿馬而歸(거수월 기마장호준마이귀) : 여러 달이 지나 그 말이 오 랑캐의 준마를 거느리고 돌아오니,

• 人皆賀之(인개하지) : 사람들이 모두 축하하였다.

• 其父日 此何遽不能爲禍乎(기부왈 차하거불능위화호) : 그 아비가 말하기를, "이것 이 어찌 바로 화가 되지 않을 수 있겠는가?"라 하였다.
〈被動, 反語形.

- 家有良馬 其子好騎 墮而折其髀 人皆弔之(가유양마 기자호기 타이절기비 인개조지) : 집에 좋은 말이 있고, 그 아들은 말 타기를 좋아하더니 떨어져 그 다리를 다 치니, 사람들이 모두 위로하였다.
  〈髀 : 넓적다리뼈를 가리킴.

- 其父曰 此何遽不爲福乎(기부왈 차하거불위복호) : 그 아비가 말하기를, "이것이 어찌 바로 복이 되지 않았는가."라 하였다.

- 居一年 胡人 大入塞(거일년 호인 대입새) : 일 년이 지나서 오랑캐들이 크게 변방에 쳐들어왔다.

- 丁壯者引弦而戰(정장자인현이전) : 장정들은 활을 쏘면서 싸웠다.
  〈丁壯 : 건장한 청년. 장정. 引弦 : 활시위를 당기다.

- 近塞之人 死者十九(근새지인 사자십구) : 변방 사람 중에 죽은 자가 십 명 중에 아홉이 되었다.

- 此獨以跛之故 父子相保(차독이파지고 부자상보) : 아들은 홀로 다리를 절뚝거렸으므로 부자가 서로 보전되었다.
  〈意味上 被動.

- 故福之爲禍 禍之爲福 化不可極 深不可測也(고복지위화 화지위복 화불가극 심불가측야) : 그러므로 복이 화가 되고, 화가 복이 되어 변화의 끝을 알 수 없고, 깊이를 헤아릴 수 없다.

◎
『淮南子』 : 중국 漢 나라 淮南王 劉安(유안)이 찬술. 주로 老莊의 도를 가지고 古今의 治亂, 天文, 理學 등을 설명하였다.

화자가 어떤 사실에 대해서 이미 확실하게 알고 있으면서 語勢를 강조하기 위해 만든 疑問句文을 말하는 것으로 疑問代名詞(誰, 孰, 何)나 疑問副詞(何, 奚, 曷, 胡, 安, 焉, 惡, 豈) 등을 사용하는 경우와, 疑問語助辭(哉, 乎, 歟, 耶, 邪, 也)를 사용하는 경우, 疑問副詞와 疑問語助辭를 함께 사용하는 경우 그리고 疑問副詞(豈, 安)과 限定副詞(獨, 徒, 唯, 敢, 能, 必) 등을 사용해서 만드는 경우가 있다.

- 疑問代名詞(誰, 孰 何)의 경우

  例文 誰爲爲之 孰令聽之 : 누구를 위해서 그것을 하며, 누구로 하여금 그것을 듣게 하리오.

  其如是 孰能禦之 : 그것이 이와 같다면 누가 이것을 막으리오?

  是誠何心哉 : 이것은 진실로 어떤 마음인가?

- 疑問副詞(何, 奚, 曷, 胡, 盍, 安, 焉, 惡, 豈)의 경우

  例文 吾何愛一牛 : 내 어찌 소 한 마리를 아끼겠습니까?

  田園將蕪 胡不歸 : 전원이 장차 황폐해지려고 하는데 어찌 돌아가지 않으리오?

  盍各言爾志 : 각자 너희들의 뜻을 어찌 말하지 않는가?

  吾惡乎用吾劍 : 내 어찌 내 칼을 쓰리오?

- 疑問語助辭(哉, 乎, 歟, 耶(邪), 也)의 경우

  例文 君位爲相國 功第一 可復加哉 : 그대의 지위가 상국이 되었고, 공은 제일이니, 다시 보탤 것이 있겠는가?

  有朋自遠方來不亦樂乎 : 친구가 먼 곳에서 오니 또한 즐겁지 아니한가?

  語之而不惰者 其回也歟 : 말을 하고서 게을리 하지 않은 자 그 사람은 안회가 아닐까?

  此非以賤爲本也 : 이것은 천한 것으로 근본을 삼은 것이 아니겠는가?

- 疑問副詞(豈, 安)과 限定副詞(獨, 徒, 唯, 敢, 能, 必)

  例文 公豈敢入乎 : 공이 어찌 감히 들어왔습니까?

  安能以皓皓之白 而蒙世俗之塵埃乎 : 어찌 능히 희고 흰 몸으로 세속의 먼지를 뒤집어 쓸 수 있겠습니까?

1 다음 漢字의 訓과 音을 써보자.

夫(   )　禍(   )　福(   )　轉(   )
變(   )　近(   )　塞(   )　術(   )
馬(   )　故(   )　胡(   )　皆(   )
弔(   )　居(   )　駿(   )　歸(   )
賀(   )　家(   )　良(   )　好(   )
騎(   )　墮(   )　折(   )　髀(   )
丁(   )　壯(   )　引(   )　弦(   )
戰(   )　死(   )　獨(   )　跛(   )
保(   )　化(   )　極(   )　深(   )
測(   )　淮(   )　南(   )

2 다음 反語形 句文을 飜譯해 보자.

(1) 此何遽不爲福乎

(2) 此何遽不能爲禍乎

(3) 誰爲爲之　孰令聽之

(4) 田園將蕪　胡不歸

(5) 此非以賤爲本也

(6) 君位爲相國　功第一　可復加哉

(7) 安能以皓皓之白　而蒙世俗之塵埃乎

제 3 편

天地·自然·倫理의 造化

1. 四字小學

天有四時하니　春夏秋冬이로다.　地有四方하니　東西南北이로다.

歲之一年에는　十有二月이로다.　日有朝暮하니　月有晦朔이로다.

草木生地하고　溪川歸海로다.　萬物之中에는　惟人最貴로다.

萬人之中에는　惟聖最高로다.　何以最高오　敎以人倫이로다.

人倫云何오.　父子有親하고　君臣有義하며　夫婦有別하고

長幼有序하며　朋友有信이로다.　是謂五倫이니　聖人之敎로다.

人異禽獸는　由此五倫이로다.　可以人兮여　不知五倫가.

五倫第一은　父子有親이로다.　父子有親은　父慈子孝로다.

父兮生我하시고　母兮鞠我로다.　乳以哺我하시고　腹以懷我로나.

以衣衣我하시고　以食食我로다.　恩高如天이오　德厚如地이로다.

— 『童蒙讀本』에서

天 하늘 천　　時 때 시　　春 봄 춘　　夏 여름 하　　秋 가을 추

冬 겨울 동　　地 땅 지　　方 모 방　　東 농녘 동　　西 시녘 서

南 남녘 남	北 북녘 북	歲 해 세	年 해 년	有 있을 유
朝 아침 조	暮 저물 모	晦 그믐 회	朔 초하루 삭	草 풀 초
木 나무 목	生 날 생	溪 시내 계	川 내 천	歸 돌아갈 귀
海 바다 해	萬 일만 만	物 물 물	之 어조사 지	中 가운데 중
惟 오직 유	最 가장 최	貴 귀할 귀	聖 성인 성	高 높을 고
何 어찌 하	以 써 이	敎 가르칠 교	倫 인륜 륜	云 이를 운
父 아비 부	親 친할 친	君 임금 군	臣 신하 신	義 옳을 의
夫 지아비 부	婦 지어미 부	別 나눌 별	長 길 장	幼 어릴 유
序 차례 서	朋 벗 붕	友 벗 우	信 믿을 신	是 이 시
謂 이를 위	異 다를 이	禽 새 금	獸 짐승 수	由 말미암을 유
此 이 차	可 옳을 가	兮 어조사 혜	知 알 지	第 차례 제
慈 사랑할 자	孝 효도 효	我 나 아	母 어미 모	鞠 기를 국
乳 젖 유	哺 먹일 포	腹 배 복	懷 품을 회	衣 옷 의
食 밥 식, 먹일 사	恩 은혜 은	如 같을 여	德 덕 덕	厚 두터울 후

■ 句文 註釋

- 天有四時 春夏秋冬 : 하늘에는 네 때가 있으니 춘하추동이로다.
- 地有四方 東西南北 : 땅에는 네 방향이 있으니 동서남북이로다.
- 歲之一年 十有二月 : 해의 일 년은 열두 달이로다.
- 日有朝暮 月有晦朔 : 하루에는 아침과 저녁이 있고, 한 달에는 그믐과 초하루가 있다.
- 草木生地 溪川歸海 : 초목은 땅에서 자라고 시냇물은 바다로 되돌아간다.
- 萬物之中 惟人最貴 : 만물 가운데는 오직 사람이 가장 귀하고,
- 萬人之中 惟聖最高 : 만인 중에는 오직 성인이 가장 높다.
- 何以最高 敎以人倫 : 무엇으로 가장 높은고? 인륜으로 가르침이로다.
- 人倫云何 父子有親 : 인륜은 무엇이라고 이르는가? 아비 자식 사이에 친함이 있으며,
- 君臣有義 夫婦有別 : 임금 신하 사이에 의가 있고, 남편 아내 사이에는 구별이 있고
- 長幼有序 朋友有信 : 어른과 젊은이 사이에 차례가 있고, 벗 사이에는 신의가 있음을 말한다.
- 是謂五倫 聖人之敎 : 이것을 오륜이라 이르니 성인의 가르침이다.

- 人異禽獸 由此五倫 : 사람이 새 짐승과 다름은 이 오륜으로 말미암음이다.

- 可以人兮 不知五倫 : 사람으로서 오륜을 모를 수 있겠는가?

- 五倫第一 父子有親 : 오륜의 첫째는 부자유친이라.

- 父子有親 父慈子孝 : 부자유친은 아버지는 사랑하고 자식은 효도하는 것이라.

- 父兮生我 母兮鞠我 : 아버지께서 날 낳으시고 어머니께서는 날 기르시니
  〈鞠 : 기를 휵(慉), 기를 축(畜)과 같은 의미.

- 乳以哺我 腹以懷我 : 젖으로 날 먹이시고 배로 날 품어 주시다.

- 以衣衣我 以食食我 : 옷으로 날 입히시고 밥으로 날 먹이시다.
  〈衣 : 앞의 '衣'는 명사, 뒤의 '衣'는 동사. 食 : 앞의 '食'은 명사 '밥 식', 뒤의 '食'은 동사 '먹일 사'.

- 恩高如天 德厚如地 : 은혜 높기가 하늘과 같고, 덕이 두텁기가 땅과 같도다.

『사자소학』: 저자 미상, 내용은 윤리 도덕에 입각하여 주자(朱子)의 『소학』과 기타 경전 중에서 아동들이 알기 쉬운 내용만을 뽑아서 만들었다. 구성은 사자일구(四字一句)로 되어 있고, 체제는 하늘이 四時, 땅의 사방을 비롯해서 인간의 윤리인 오륜(五倫)을 차례로 말했다. 근대의 서당 교육과정에서는『천자문』을 떼고 난 다음에『사자소학』을 학습했다.

『童蒙讀本』: 己未(1979)년 9월에 내성(奈城) 엄명섭(嚴命涉)이 이 책에 쓴 서문과 庚申(1980)년 李湘寧(이상녕)이 쓴 발문에 의하면 아이들의 한문교육에 사용되고 있는 교재들이 대부분 정본이 없이 필사해서 사용되고 있는 것을 안타깝게 여긴 敬窩公이 아래 교재들을 모아 차례를 정하고 조리를 갖추도록 했다고 한다. 편자 경와공에 대해서는 이 책에 소개되어 있지 않아서 누구인지 알 수 없다. 이 책의 목차는 註解千字文, 朝鮮歷史千字文, 四字小學, 聚句, 萬物集, 學語集, 童蒙先習, 東國歷代帝王傳授統圖, 童蒙讀本跋로 구성되어 있나.

1 다음을 소리 내어 읽어보자.

四時( )	春夏( )	秋冬( )	東西( )
南北( )	朝暮( )	晦朔( )	草木( )
溪川( )	歸海( )	萬物( )	最貴( )
最高( )	人倫( )	父子( )	君臣( )
夫婦( )	長幼( )	朋友( )	五倫( )
聖人( )	禽獸( )	不知( )	父慈( )
子孝( )	鞠我( )	哺我( )	懷我( )
恩高( )	德厚( )		

2 다음 句文을 飜譯해 보자.

(1) 草木生地 溪川歸海

(2) 萬物之中 惟人最貴

(3) 父兮生我 母兮鞠我

(4) 乳以哺我 腹以懷我

(5) 恩高如天 德厚如地

2. 萬物集

天 : 蒼蒼空復空하니 無臭亦無聲이로다. 雷霆驅號令하고 雨露散仁恩이로다.

　　雲作千層峰이오 虹爲白尺橋로다. 廣大無私覆하니 不言行四時로다.

地 : 若非垕土力이면 萬物何由生고 高結成山嶽하고 卑流作川淵이로다.

　　兆民賴居息이오 百穀用生成이로다. 博厚配高明하니 至哉吾無問이로다.

日 : 一輪將出海하니 五色이 已光天하다. 朝出扶桑路하고 暮下若木枝하다.

　　華曜는 煥山海하고 明輝는 麗乾坤하다. 幾多黃卷客이 讀書惜分陰이라.

月 : 午夜天如洗하니 流空月正明하도다. 山明疑有雪하고 岸白似鋪沙라.

　　影開金鏡滿하고 輪捕玉壺淸이라. 狂歌傾酒盃하니 詩思正徘徊하도다.

星 : 良夜에 淨無塵하니 明星煥有章이로다. 垂光은 羅夜色하고 騰輝는

　　布天文하도다. 熒熒伴孤月하고 點點流遠天이로다. 莫謂淸光薄하라.

　　晦朔에 代月明이로다.

風 : 去來無蹤迹하니 初從何處生고 蕭蕭鳴翠竹이오 搖搖舞垂楊이로다.

　　花塢傳鶯語요 海門送雁群이로다. 掃開雲萬里요 湧起浪千層이로다.

烟 : 長烟引輕素하니 去來本無跡이라. 翠色濃寒樹요 迷光淡遠林이로다.

　　初隨林靄動이오 更從晚風輕이로다. 映花難見蝶이오 羃柳但聞鶯이로다.

―『童蒙讀本』에서

蒼 푸를 창	空 빌 공	復 다시 부	臭 냄새 취	亦 또 역
聲 소리 성	雷 우레 뢰	霆 천둥소리 정	驅 몰 구	號 부를 호
令 명령 령	露 이슬 로	散 흩을 산	仁 어질 인	恩 은혜 은
廣 넓을 광	私 사사 사	覆 덮을 복	若 만일 약	非 아닐 비
垕 두터울 후, 厚의 古字	何 어찌 하	結 맺을 결	成 이룰 성	嶽 큰 산 악
卑 낮을 비	流 흐를 류	淵 못 연	兆 조 조	賴 힘입을 뢰
居 살 거	息 쉴 식	穀 곡식 곡	用 쓸 용	博 넓을 박
厚 두터울 후	配 짝 배	高 높을 고	至 이를 지	哉 어조사 재
吾 나 오	無 없을 무	間 사이 간	輪 바퀴 륜	將 장차 장
海 바다 해	已 이미 이	朝 아침 조	扶 도울 부	桑 뽕나무 상
路 길 로	暮 저물 모	枝 가지 지	華 빛날 화	曜 빛날 요
煥 빛날 환	輝 빛날 휘	麗 아름다울 려	乾 하늘 건	坤 땅 곤
幾 몇 기	黃 누를 황	卷 책 권	客 손 객	讀 읽을 독
書 책 서	惜 아낄 석	陰 그늘 음	午 낮 오	如 같을 여
洗 씻을 세	疑 의심할 의	雪 눈 설	岸 언덕 안	鋪 펼 포
沙 모래 사	影 그림자 영	鏡 거울 경	滿 가득할 만	捕 잡을 포
壺 병 호	淸 맑을 청	狂 미칠 광	歌 노래 가	傾 기울 경
酒 술 주	盃 잔 배	思 생각 사	徘 노닐 배	徊 노닐 회
星 별 성	良 좋을 량	淨 맑을 정	塵 먼지 진	章 글 장
垂 드리울 수	羅 벌일 라	騰 오를 등	布 베 포	熒 빛날 형
伴 짝 반	點 점 점	遠 멀 원	淸 맑을 청	薄 엷을 박
晦 그믐 회	朔 초하루 삭	去 갈 거	來 올 래	無 없을 무
蹤 자취 종	迹 자취 적	初 처음 초	從 따를 종	處 곳 처
蕭 맑은대쑥 소	鳴 울 명	翠 비취색 취	搖 흔들릴 요	舞 춤출 무
楊 버들 양	塢 둑 오	鶯 앵무새 앵	送 보낼 송	雁 기러기 안
群 무리 군	掃 쓸 소	湧 샘솟을 용	浪 물결 랑	層 층 층
烟 연기 연	跡 자취 적	濃 짙을 농	寒 찰 한	樹 나무 수
迷 미혹할 미	淡 묽을 담	遠 멀 원	隨 따를 수	靄 아지랑이 애
更 다시 갱	晩 저물 만	映 비칠 영	難 어려울 난	蝶 나비 접
冪 덮을 멱	柳 버들 류	但 다만 단	鶯 꾀꼬리 앵	

- 蒼蒼空復空 無臭亦無聲 : 푸르고 푸르며 비고 다시 비니, 냄새도 없고 또 소리도 없다.

- 雷霆驅號令 雨露散仁恩 : 우레와 번개는 호령을 몰고, 비와 이슬은 어진 은혜 흩뿌리다.

- 雲作千層峰 虹爲白尺橋 : 구름은 천 층 멧부리를 짓고, 무지개는 백 자의 다리가 되다.

- 廣大無私覆 不言行四時 : 넓고 커서 사사로움 없이 덮으니, 말 안 해도 네 때를 행하다.

- 若非垕土力 萬物何由生 : 만일 두터운 땅의 힘이 아니면, 만물이 어디로 말미암아 생겨날고?
  〈垕 : 厚의 古字.

- 高結成山嶽 卑流作川淵 : 높이 맺어 산과 멧부리 이루고, 낮게 흘러 내와 못 이루도다.

- 兆民賴居息 百穀用生成 : 억조 백성 의뢰하여 살아 숨쉬고, 온갖 곡식 써서 생겨나 이루도다.

- 博厚配高明 至哉吾無間 : 넓고 두터움은 높고 밝음 짝했고, 지극하여 나와 틈이 없도다.

- 一輪將出海 五色已光天 : 한 바퀴가 장차 바다에서 나니, 오색이 이미 하늘에 빛나다.

- 朝出扶桑路 暮下若木枝 : 아침에 부상 길에 나고, 저물어 약목 가지에 내리다.
  〈扶桑 : 동쪽 바다의 해가 뜨는 곳에 있다고 하는 신령스러운 나무 또는 그 곳. 若木 : 서쪽 바다의 해가 지는 곳에 있다고 하는 신령스러운 나무 또는 그 곳.

- 華曜煥山海 明輝麗乾坤 : 빛난 빛은 산과 바다에 빛나고, 밝은 빛은 하늘과 땅에 곱다.

- 幾多黃卷客 讀書惜分陰 : 얼마나 많은 독서 객이 책을 읽으며 시간을 아끼는가?
  〈黃卷 : 옛닐 책에 좀 먹는 것을 막으려고 황벽나무 잎으로 누렇게 물들인 종이로 册衣를 입힌 데서 나온 말로 책을 이름.

- 午夜天如洗 流空月正明 : 한 밤에 하늘이 씻김 같으니, 흐르는 하늘에 달이 정히 밝다.
  〈午夜 : 오밤중 밤 12시, 子의 시각.

- 山明疑有雪 岸白似鋪沙 : 산이 밝으니 눈인가 외심히고, 언덕이 희니 모래 편 것 같다.

• 影開金鏡滿 輪捕玉壺淸 : 그림자는 금 거울을 열어 가득하고, 바퀴는 옥병을 품어 맑다.

• 狂歌傾酒盃 詩思正徘徊 : 미친 노래로 술잔을 기울이니, 시 생각에 정히 배회하다.

• 良夜淨無塵 明星煥有章 : 좋은 밤 조촐하여 티끌 없으니 밝은 별 빛나 문채 있다.

• 垂光羅夜色 騰輝布天文 : 드리운 빛은 밤의 색을 벌이고, 피어오른 빛남은 하늘 문
채 폈도다.
　〈布 : 鋪와 통용.

• 熒熒伴孤月 點點流遠天 : 빛나고 빛나 외로운 달 짝하고, 점점이 먼 하늘에 흐르다.

• 莫謂淸光薄 晦朔代月明 : 맑은 빛 엷다고 이르지 마라, 그믐과 초하루에 달 대신
밝다.

• 去來無蹤迹 初從何處生 : 가고 오매 자취 없으니, 처음엔 어느 곳 좇아 생겼는고?

• 蕭蕭鳴翠竹 搖搖舞垂楊 : 소소하여 푸른 대 울리고, 요요하여 드리운 버들 춤추게
한다.
　〈蕭蕭 : 바람이나 빗소리가 쓸쓸하다. 搖搖 : 자꾸 흔들다.

• 花塢傳鶯語 海門送雁群 : 꽃 둑에서 꾀꼬리 말을 전하고, 바다 문에서 기러기 떼 보내다.

• 掃開雲萬里 湧起浪千層 : 구름 만 리를 쓸어서 열고, 물결은 천 층을 솟구쳐 일으키도다.

• 長烟引輕素 去來本無跡 : 긴 연기 가볍고 흰 것을 이끄니, 가고 옴에 자취 없도다.

• 翠色濃寒樹 迷光淡遠林 : 푸른색은 찬 나무에 무르녹고, 희미한 빛은 먼 숲에 맑
도다.

• 初隨林靄動 更從晩風輕 : 처음엔 숲 안개 따라 움직이더니, 다시 늦바람 좇아 가볍다.

• 映花難見蝶 羃柳但聞鶯 : 꽃에 비쳐 나비 보기 어렵고, 버들에 가리니 꾀꼬리 소리
만 들린다.

　◎
『萬物集』: 『동몽독본』에 실려 있다. 만물집은 天, 地, 日, 月, 風, 烟
으로 시작해서 四時의 冬日卽事에서 끝나는데 전체가 五言으로 되
어 있다.

1 다음 漢字의 訓과 音을 써보자.

蒼(　　)	復(　　)	臭(　　)	聲(　　)
雷(　　)	霆(　　)	驅(　　)	號(　　)
嶽(　　)	淵(　　)	穀(　　)	配(　　)
扶(　　)	桑(　　)	華(　　)	曜(　　)
煥(　　)	輝(　　)	麗(　　)	乾(　　)
坤(　　)	幾(　　)	讀(　　)	惜(　　)
陰(　　)	疑(　　)	鋪(　　)	影(　　)
捕(　　)	壺(　　)	狂(　　)	傾(　　)
盃(　　)	徘(　　)	徊(　　)	淨(　　)
騰(　　)	熒(　　)	點(　　)	薄(　　)
晦(　　)	朔(　　)	蹤(　　)	迹(　　)
鳴(　　)	翠(　　)	搖(　　)	舞(　　)
垂(　　)	掃(　　)	湧(　　)	跡(　　)
濃(　　)	寒(　　)	樹(　　)	迷(　　)
淡(　　)	靄(　　)	映(　　)	難(　　)
蝶(　　)	羃(　　)	柳(　　)	

2 다음 句文을 飜譯해 보자.

(1) 蒼蒼空復空 無臭亦無聲

(2) 若非垕土力 萬物何由生

(3) 高結成山嶽 卑流作川淵

(4) 朝出扶桑路 暮卜若木枝

(5) 山明疑有雪 岸白似鋪沙

(6) 良夜淨無塵 明星煥有章

(7) 莫謂清光薄 晦朔代月明

3. 學語集

天：天者는 蒼蒼在上하고 輕淸而至高하니 日月星辰이 繫焉이로다.

地：地者는 博厚而在下하고 載山川萬物이로다.

日：日者는 東昇而西墜하고 冬則短하며 夏則長이로다.

月：月者는 遇夜而明하니 望前은 漸圓하며 望後則漸缺이로다.

星：萬物之情은 上而爲星辰하니 布列于天하고 晝隱夜現이로다.

雲：雲者는 山川之靈氣니 隨風而行하고 卽以施雨하며 或從龍飛于天이로다.

雨：雨者는 天地之霈澤也니 時行濡物하고 以生草木하며 養禾稼로다.

風：天地嘘氣而成風이라 動息有時하며 去來無跡하니 入于草木則有聲이로다.

虹霓：雄曰 虹이오 雌曰 霓니 乃是天地陰氣라. 隨日影而現하니 朝在
　　　西則雨하고 暮在東則風이로다.

露：春夏之際에 天氣下降하고 地氣上昇하니 時則露斯下하여 亦能潤物
　　而長之로다.

霜：秋冬之間에 天氣上昇하고 地氣下降하니 時則霜乃降하여 肅殺萬物
　　하고 使草木黃落이로다.

雪：天地氣閉而爲窮陰하니 陰氣凝이 爲雪이라 其氣寒하고 其色白하니

遇太陽則消이로다.

四時：一歲에 有四時하니 正月二月三月은 爲春이오, 四月五月六月은 爲夏요, 七月八月九月은 爲秋요, 十月十一月十二月은 爲冬하니 其 間에 或有閏月이로다.

— 『童蒙讀本』에서

■ 漢字 풀이

蒼 푸를 창	輕 가벼울 경	繫 이을 계	博 넓을 박	厚 두터울 후
載 실을 재	昇 오를 승	墜 떨어질 추	短 짧을 단	長 긴 장
遇 만날 우	望 보름 망	漸 점점 점	圓 둥글 원	缺 이지러질 결
情 징 정	布 펼 포	列 벌일 열	于 어조사 우	晝 낮 주
隱 숨을 은	現 나타날 현	靈 신령 영	隨 따를 수	卽 곧 즉
施 베풀 시	或 혹시 혹	從 따를 종	龍 용 룡	飛 날 비
霈 비 쏟아질 패	澤 못 택	濡 젖을 유	以 써 이	養 기를 양
禾 벼 화	稼 심을 가	噓 불 허	成 이룰 성	動 움직일 동
息 쉴 식	聲 소리 성	虹 무지개 홍	霓 무지개 예	雄 수컷 웅
雌 암컷 자	際 즈음 제	降 내릴 강	斯 이 사	潤 젖을 윤
肅 엄숙할 숙	殺 죽일 살	黃 누른 황	落 떨어질 락	閉 닫을 폐
窮 다할 궁	陰 그늘 음	凝 엉길 응	寒 찰 한	消 사리질 소
間 사이 간	閏 윤달 윤			

■ 句文 註釋

- 天者蒼蒼在上 : 하늘은 푸르고 푸르러 위에 있어

- 輕淸而至高 日月星辰繫焉 : 가벼이 맑고, 지극히 높으니 해 달 별이 매어 있나.

- 地者博厚而在下 載山川萬物 : 땅은 넓고 두터워 아래에 있어 산천과 만물을 실었다

- 日者東昇而西墜 冬則短夏則長 : 해는 동으로 올라 서로 지고, 겨울엔 짧고 여름엔 길다.
- 月者遇夜而明 望前漸圓 望後則漸缺 : 달은 밤을 만나 밝으니 보름 전엔 점점 둥글어지고 보름 후엔 점점 이지러진다.
- 萬物之情 上而爲星辰 布列于天 晝隱夜現 : 만물의 정은, 위로는 별과 별이 되어 하늘에 펴 벌여 있고 낮엔 숨고 밤엔 나타난다.
- 雲者山川之靈氣 隨風而行 : 구름은 산천의 신령한 기운이니 바람을 따라 행하여
- 卽以施雨 或從龍飛于天 : 곧 비를 베풀고 혹 용을 좇아 하늘에 난다.
- 雨者天地之霈澤也 時行濡物 以生草木 養禾稼 : 비는 천지의 큰 혜택이니 때로 행해 만물을 젖게 하여 초목을 살게 하고 벼와 곡식을 기른다.
- 天地噓氣而成風 動息有時 去來無跡 入于草木則有聲 : 천지가 기운을 불어 바람을 이루니 움직임과 쉼에 때가 있고, 가고 옴에 자취가 없으나 초목에 들면 소리가 있다.
- 雄曰虹 雌曰霓 乃是天地陰氣 : 수컷을 홍이라고 하고, 암컷을 예라 하니 이에 바로 천지의 음기이다.
- 隨日影而現 朝在西則雨 暮在東則風 : 해를 따라 그림자가 나타나니 아침에 서쪽에 있으면 비가 오고, 저녁에 동쪽에 있으면 바람이 분다.
- 春夏之際 天氣下降 地氣上昇 : 봄과 여름 사이에는 하늘 기운이 아래로 내리고 땅 기운이 위로 오르니
- 時則露斯下 亦能潤物而長之 : 때는 곧 이슬이 이에 내리고 또한 사물을 젖게 하여 자라게 할 수 있다.
- 秋冬之間 天氣上昇 地氣下降 : 가을과 겨울 사이에는 하늘 기운이 위로 오르고, 땅 기운이 아래로 내리니
- 時則霜乃降 肅殺萬物 使草木黃落 : 때는 곧 서리가 이에 내려 만물을 죽이고 초목으로 하여금 노랗게 해서 떨어지게 한다.
- 天地氣閉而爲窮陰 陰氣凝 爲雪 : 천지 기운이 닫히고 음기가 다 되니, 음기가 엉기어 눈이 되어
- 其氣寒 其色白 遇太陽則消 : 그 기운이 차고, 그 색이 희니 태양을 만나면 녹는다.
- 一歲 有四時 : 한 해에는 네 때가 있으니
- 正月二月三月 爲春 : 정월 이월 삼월은 봄이 되고,
- 四月五月六月 爲夏 : 사월 오월 유월은 여름이 되고,

• 七月八月九月 爲秋 : 칠월 팔월 구월은 가을이 되고,

• 十月十一月十二月 爲冬 : 시월 십일월 십이월은 겨울이 된다.

• 其間에 或有閏月 : 그 사이에 혹 윤달이 있다.

○

『學語集』 : 朝鮮 後期에 初學들을 위해 만든 敎材. 高宗 5(1868)년
朴載哲(박재철)이 學問에 관한 글을 여러 책에서 뽑아 解說하여, 초
학들이 쉽게 읽고 그 뜻을 理解할 수 있도록 꾸민 책으로 알려졌다.
내용은 天, 地, 日, 月을 비롯하여 蜉蝣(부유), 蜂(봉), 蟻(의) 와 같은
미물에 이르기까지 만물에 대해 설명했다.

1 다음 漢字의 訓과 音을 써보자.

輕(   )   繫(   )   載(   )   昇(   )

墜(   )   遇(   )   望(   )   漸(   )

圓(   )   缺(   )   列(   )   晝(   )

隱(   )   靈(   )   隨(   )   施(   )

霈(   )   澤(   )   濡(   )   禾(   )

稼(   )   噓(   )   雄(   )   雌(   )

際(   )   降(   )   潤(   )   肅(   )

殺(   )   落(   )   窮(   )   陰(   )

凝(   )   消(   )

2 다음 句文을 飜譯해 보자.

(1) 輕淸而至高 日月星辰繫焉

(2) 地者博厚而在下 載山川萬物

(3) 月者遇夜而明 望前漸圓 望後則漸缺

(4) 雨者天地之霈澤也 時行濡物 以生草木 養禾稼

(5) 天地噓氣而成風 動息有時 去來無跡 入于草木則有聲

(6) 雄曰虹 雌曰霓 乃是天地陰氣

(7) 隨日影而現 朝在西則雨 暮在東則風

4. 聚句

天高日月明하고　地厚草木生이라.　春來李花白하고　夏至樹葉靑이라.

秋凉黃菊發하고　冬寒白雪來로다.　東西日月門이오　南北鴻雁路다.

一二三四五　六七八九十　百千萬億兆　京垓壤澗正

月出天開眼하고　山高地擧頭로다.　月爲人將軍이오　星作百萬帥로다.

月作雲間鏡이오　風爲竹裡琴이로다.月如無柄扇이오　星似絶纓珠로다.

雲作千層峰이오　虹爲百尺橋로다.　白雲山上蓋요　明月水中珠로다.

細雨池中看이오　微風木末知로다.　雨意雲端黑이오　春心木末靑이로다.

燈作房中月이오　月爲天下燈이로다.山外山不盡이오　路中路無窮이로다.

雨後山如沐이오　風前草似醉이로다.白雲山面粉이오　丹楓洞口脂로다.

春水滿四澤하고　夏雲多奇峰이로다.秋月揚明輝요　冬嶺秀孤松이로다.

— 『童蒙讀本』에서

□ 漢字 풀이

明 밝을 명	春 봄 춘	來 올 래	李 오얏 리	花 꽃 화
白 흰 백	至 이를 지	樹 나무 수	葉 잎 엽	靑 푸를 청

凉 서늘할 량	黃 누를 황	菊 국화 국	發 필 발	寒 찰 한
雪 눈 설	門 문 문	鴻 큰 기러기 홍	雁 기러기 안	路 길 로
百 일백 백	千 일천 천	萬 일만 만	億 억 억	兆 조 조
京 수 단위 경	垓 수 단위 해	壤 수 단위 양	澗 수 단위 간	正 수 단위 정
出 날 출	開 열 개	眼 눈 안	擧 들 거	頭 머리 두
爲 될 위	將 장수 장	軍 군사 군	星 별 성	作 지을 작
師 군사 사	雲 구름 운	間 사이 간	鏡 거울 경	風 바람 풍
竹 대 죽	裡 속 리	琴 거문고 금	無 없을 무	柄 자루 병
扇 부채 선	似 같을 사	絶 끊을 절	纓 갓끈 영	珠 구슬 주
層 층 층	峰 봉우리 봉	虹 무지개 홍	尺 자 척	橋 다리 교
蓋 덮을 개	細 가늘 세	雨 비 우	池 못 지	看 볼 간
微 가늘 미	末 끝 말	知 알 지	意 뜻 의	端 끝 단
黑 검을 흑	燈 등 등	房 방 방	外 밖 외	盡 다할 진
窮 다할 궁	後 뒤 후	沐 목욕 목	前 앞 전	醉 취할 취
面 얼굴 면	粉 가루 분	丹 붉을 단	楓 단풍 풍	洞 고을 동
脂 연지 지	滿 가득할 만	澤 못 택	多 많을 다	奇 기이할 기
峰 봉우리 봉	揚 들날릴 양	輝 빛날 휘	嶺 고개 령	秀 빼어날 수
孤 외로울 고	松 소나무 송	聚 모을 취		

■ 句文 註釋

- 天高日月明 地厚草木生 : 하늘이 높으니 해와 달이 밝고, 땅이 두터우니 초목이 자란다.
- 春來李花白 夏至樹葉青 : 봄이 오니 오얏꽃이 하얗고, 여름이 되니 나뭇잎이 푸르다.
- 秋凉黃菊發 冬寒白雪來 : 가을이 서늘하니 황국이 피고, 겨울이 차니 백설이 내린다.
- 東西日月門 南北鴻雁路 : 동서는 해와 달의 문이요, 남북은 기러기의 길이다.
- 一二三四五 六七八九十 : 일이삼사오 육칠팔구십
- 百千萬億兆 京垓壤澗正 : 백천만억조 경해양간정
- 月出天開眼 山高地擧頭 : 달이 뜨니 하늘이 눈을 열고, 산이 높으니 땅이 머리를 든다.

- 月爲大將軍 星作百萬師 : 달은 대장군이 되고 별은 백만 군사를 이룬다.
- 月作雲間鏡 風爲竹裡琴 : 달은 구름 사이의 거울이요, 바람은 대숲 속의 거문고다.
- 月如無柄扇 星似絶纓珠 : 달은 자루 없는 부채요, 별은 갓끈 떨어진 구슬 같다.
- 雲作千層峰 虹爲百尺橋 : 구름은 천 층의 봉우리요, 무지개는 백 척의 다리다.
- 白雲山上蓋 明月水中珠 : 흰 구름은 산 위의 덮개요, 밝은 달은 물속의 구슬이다.
- 細雨池中看 微風木末知 : 가는 비 못 가운데서 보고, 미풍은 나무 끝에서 안다.
- 雨意雲端黑 春心木末靑 : 비 올 뜻은 구름 끝에 검고, 봄 마음은 나무 끝에 푸르다.
- 燈作房中月 月爲天下燈 : 등잔은 방 가운데 달이 되고, 달은 천하의 등불이 된다.
- 山外山不盡 路中路無窮 : 산 밖의 산이 다하지 않고, 길 중의 길은 다함이 없다.
- 雨後山如沐 風前草似醉 : 비 온 뒤에 산은 목욕한 것 같고, 바람 앞의 풀은 술 취한 것 같다.
- 白雲山面粉 丹楓洞口脂 : 백운은 산 얼굴을 분칠하고, 단풍은 마을 입구를 연지 찍다.
- 春水滿四澤 夏雲多奇峰 : 봄 물은 사방의 못에 가득하고, 여름 구름은 기이한 봉우리에 많도다.
- 秋月揚明輝 冬嶺秀孤松 : 가을 달은 떠서 밝게 빛나고, 겨울 고개엔 외로운 소나무가 빼어나다.

『聚句』: 보통은 '抽句' 또는 '推句'라 하는데 여기서는 '聚句'라 한 것을 보면 오언으로 된 여러 구절들을 모았다는 의미로 쓴 것 같다. 저자는 미상이며, 내용은 五言으로 된 對句들을 발췌하여 저술한 책이다. 내용은 천지자연을 비롯하여 일상생활에서 접할 수 있는 화조월석(花朝月夕) 등을 싣고 말미에는 궈학(勸學)을 강조하여 그 의지를 고취시켰다.

1 다음 漢字의 訓과 音을 써보자.

樹(   )　　葉(   )　　凉(   )　　黃(   )
菊(   )　　發(   )　　寒(   )　　鴻(   )
眼(   )　　擧(   )　　頭(   )　　師(   )
雲(   )　　鏡(   )　　裡(   )　　琴(   )
無(   )　　柄(   )　　扇(   )　　絶(   )
纓(   )　　珠(   )　　層(   )　　峰(   )
虹(   )　　橋(   )　　蓋(   )　　池(   )
看(   )　　微(   )　　端(   )　　黑(   )
燈(   )　　房(   )　　盡(   )　　窮(   )
沐(   )　　醉(   )　　楓(   )　　滿(   )
澤(   )　　峰(   )　　揚(   )　　輝(   )
嶺(   )

2 다음 句文을 飜譯해 보자.

(1) 秋凉黃菊發　冬寒白雪來

(2) 月出天開眼　山高地擧頭

(3) 雲作千層峰　虹爲百尺橋

(4) 細雨池中看　微風木末知

(5) 燈作房中月　月爲天下燈

(6) 春水滿四澤　夏雲多奇峰

(7) 秋月揚明輝　冬嶺秀孤松

제 4 편

마음을 밝히는 要諦

1. 童蒙先習

序

天地之間 萬物之衆에 唯人이 最靈하니 所貴乎人者는 以其有五倫也라. 是故로 孟子曰 父子有親 君臣有義 夫婦有別 長幼有序 朋友有信이라 하시니 人而不知有五常則其違禽獸가 不遠矣라. 然則父慈子孝하며 君義臣忠하며 夫和婦順하며 兄友弟恭하며 朋友輔仁然後方可謂之人矣니라.

總論

此五品者는 天敍之典而人理之所同有者라. 人之行이 不外乎五者而唯孝가 爲百行之源이라. 是以孝子之事親也는 鷄初鳴이어든 咸盥漱하고 適父母之所까이 下氣怡聲하야 問衣燠寒하며 問何食飮하며 冬溫而夏凊하며 昏定而晨省하며 出必告反必面하며 不遠遊하며 遊必有方하며 不敢有其身하며 不敢私其財라. 父母愛之어시든 喜而不忘하며 惡之어시든 懼而無怨하며 有過어시든 諫而不逆하고 三諫而不聽이이시든 則號泣而隨之

하며 怒而撻之有血이라도 不敢疾怨하며 居則致其敬하고 養則致其樂하고 病則致其憂하고 喪則致其哀하고 祭則致其嚴이니라. 若夫人子之不孝也는 不愛其親이오 而愛他人하며 不敬其親이오 而敬他人하며 惰其四肢하야 不顧父母之養育하며 博奕好飮酒하야 不顧父母之養하며 好貨財私妻子하야 不顧父母之養하며 從耳目之所好하야 以爲父母之戮하며 好勇鬪狠하야 以危父母하나니라. 噫라 欲觀其人의 行之善不善인데 必先觀其人之孝不孝니 可不愼哉며 可不懼哉아. 苟能孝於其親則推之於君臣也夫婦也長幼也朋友也에 何往而不可哉리오. 然則孝之於人에 大矣而亦非高遠難行之事也라. 然이나 自非生之知者면 必資學問而知之니 學問之道는 無他라. 將欲通古今達事理하야 存之放心하며 體之於身이니 可不勉其學問之力哉아 玆用撫其歷代要義하야 書之篇左하노라.

—『童蒙讀本』에서

■ 漢字 풀이

衆 무리 중	唯 오직 유	最 가장 최	靈 신령 령	倫 차례 윤
常 항상 상	違 어긋날 위	禽 새 금	獸 짐승 수	遠 멀 원
輔 도울 보	總 모두 총	論 논할 론	典 법 전	理 다스릴 리
源 근원 원	鷄 닭 계	鳴 울 명	咸 모두 함	盥 대야 관
漱 양치질 할 수	適 갈 적	怡 기쁠 이	聲 소리 성	燠 따뜻할 욱
溫 따뜻할 온	淸 서늘할 청	昏 저녁 혼	晨 새벽 신	遊 놀 유
懼 두려울 구	怨 원망할 원	過 지날 과	諫 간할 간	逆 거스릴 역
聽 들을 청	號 부를 호	泣 울 읍	隨 따를 수	怒 노할 노
撻 종아리 칠 달	疾 병 질	嚴 엄할 엄	惰 게으를 타	顧 돌아볼 고
博 넓을 박	奕 클 혁	戮 죽일 육	勇 날쌜 용	鬪 싸울 투

狼 개 싸우는 소리 한　噫 탄식할 희　愼 신중할 신　哉 어조사 재　苟 진실로 구

推 밀 추　難 어려울 난　資 재물 자　達 통달할 달　放 놓을 방

軆 몸 체(體의 俗字)　勉 힘쓸 면　玆 이 자　摭 주울 척　要 구할 요

篇 책 편

- 天地之間 萬物之衆 : 천지간 만물의 무리에

- 唯人 最靈 所貴乎人者 以其有五倫也 : 오직 사람이 가장 신령하니 사람이 귀하게 여겨지는 바는 오륜이 있기 때문이다.
  〈−乎 : 前置詞 ~에. 五倫 : 다섯 가지 질서.

- 是故孟子曰 父子有親 君臣有義 夫婦有別 長幼有序 朋友有信 : 이러므로 맹자께서 말씀하시기를 "부자 사이에는 친함이 있고, 군신 사이에는 의가 있으며, 부부 사이에는 구별이 있고, 이른과 젊은이 사이에는 순서가 있으며, 친구 사이에는 믿음이 있다."라고 하셨다.

- 人而不知有五常則其違禽獸 不遠矣 : 사람이면서 오상이 있음을 알지 못하면 금수와 다름이 멀지 아니할 것이다.
  〈五常 : 사람이 지켜야 할 다섯 가지 떳떳함.

- 然則父慈子孝 君義臣忠 夫和婦順 兄友弟恭 朋友輔仁然後方可謂之人矣 : 그러므로 아비는 자애를 베풀고 자식은 효도하며, 임금은 의롭고 신하는 충성하며, 남편은 온화하고 부인은 순종하며, 형은 우애하고 동생은 공순하며, 친구 간에는 인을 돕는 그런 뒤에라야 바야흐로 그를 일러 사람이라 할 것이다.
  〈方 : 바야흐로. 輔仁 : 인을 행하도록 돕다

- 此五品者 天敍之典而人理之所同有者 : 이 오품이란 것은 하늘이 편 법이고, 사람의 이치가 함께 하는 바가 있는 것이라.
  〈五品 : 부자유친, 군신유의, 부부유별, 장유유서, 붕우유신.

- 人之行 不外乎五者而唯孝 爲百行之源 : 사람의 행실은 다섯 가지에서 벗어나지 아니하고 오직 효가 모든 행실의 근원이다.
  〈−乎 : 前置詞 ~에. 百行 : 백 가지 행실.

- 是以孝子之事親也 鷄初鳴 咸盥漱 : 이로써 효자가 부모를 섬김에 첫 닭이 울면 모두 세수하고 양치질하며
  〈以 : 前置詞 ~로써. 之 : 後置詞 ~의.

- 適父母之所 下氣怡聲 問衣燠寒 問何食飮 冬溫而夏凊 昏定而晨省 : 부모의 처소에

가서 기운을 낮추고 기쁜 음성으로 옷의 따뜻함과 추움을 묻고, 음식이 어떠했는가를 물으며, 겨울에는 따뜻하고 여름에는 시원하며, 저녁에는 잠자리를 정하고 새벽에는 그것을 살피며,

〈所 : 명사, 장소를 나타냄. 昏定 : 저녁이 되면 어른의 잠자리를 살펴 정해 드리는 일. 晨省 : 새벽이면 지난밤 잠자리가 어떠했는지를 살피는 일.

- 出必告反必面 不遠遊 遊必有方 不敢有其身 不敢私其財 : 나갈 때에는 반드시 고하고 돌아와서는 뵈오며, 멀리 놀지 아니하고 놀 때에는 반드시 방소가 있으며, 그 몸엔 주인이 있으니 감히 함부로 아니하고, 그 재물을 감히 사사로이 하지 아니한다.

〈不敢有其身 : 자신의 몸은 부모의 것이므로 감히 함부로 하지 않음. 不敢私其財 : 재산은 부모의 것이므로 감히 사사로이 처리하지 않음.

- 父母愛之 喜而不忘 惡之 懼而無怨 : 부모가 사랑하시면 기뻐하며 잊지 아니하고, 미워하면 두려워하며 원망하지 않는다.

- 有過 諫而不逆 三諫而不聽 則號泣而隨之 怒而撻之有血 不敢疾怨 : (부모에게) 허물이 있으면 간하지만 거슬리지 않고, 세 번 간했는데도 듣지 않으면 울면서 따르고, 성을 내어 종아리를 쳐서 피가 날지라도 감히 괴로워하거나 원망하지 않는다.

〈有過 : 부모에게 허물이 있음. 而 : 順接 語助辭. 疾 : 괴로워함.

- 居則致其敬 養則致其樂 病則致其憂 喪則致其哀 祭則致其嚴 : 살아계시면 공경을 다하고, 봉양함에 있어서는 그 즐거움을 다하며, 병이 들었으면 그 근심을 다하고, 상을 당함에 있어서는 그 슬픔을 다하며, 제사를 지냄에 있어서는 그 엄숙함을 다한다.

〈致 : 바치다. 여기서 '다하다'의 의미.

- 若夫人子之不孝也 : 만약 대범 사람의 자식이 되어 효를 하지 않음은

〈若 : 假定 만약. 夫 : 發語詞 대범. 之 : 後置詞 ～의.

- 不愛其親 而愛他人 不敬其親 而敬他人 : 그 어버이를 사랑하지 아니하면서 남을 사랑하는 것이고, 그 어버이를 공경하지 아니하면서 남을 공경하는 것이며

〈而 : 順接 語助辭.

- 惰其四肢 不顧父母之養育 博奕好飮酒 不顧父母之養 好貨財私妻子 不顧父母之養 : 자기의 사지를 게을리 하여 부모의 양육을 돌보지 아니하고, 장기나 바둑과 술 마시기를 좋아하여 부모 봉양을 돌보지 아니하며, 재물을 좋아하고 사사로이 처자를 두어 부모의 봉양을 돌보지 아니함이다.

- 從耳目之所好 以爲父母之戮 好勇鬪狠 以危父母 : 이목이 좋아하는 바를 좇아 그것으로 부모의 욕이 되게 하고, 용기와 모질게 싸우기를 좋아하여 부모를 위태롭게 함이라.

〈從 : 좇아. 以爲 그것으로 하되. 戮 : 욕, 형벌.

- 噫 欲觀其人 行之善不善 必先觀其人之孝不孝 可不愼哉 可不懼哉 : 슬프다, 그 사람

의 착함과 착하지 않음을 보고자 하면 먼저 반드시 그 사람이 효도하는가, 불효하는가를 보는 것이니 삼가지 않을 수 있으며, 두려워하지 않을 수 있겠는가?

<샎 : 탄식의 감탄사. 欲 : ~하고자 할 진댄. 哉 : 反語形 語助辭.

• 苟能孝於其親則推之於君臣也夫婦也長幼也朋友也 何往而不可哉 : 진실로 그 부모에게 효도할 수 있으면 그것을 미루어 군신과 부부와 장유와 붕우 등에 있어서 어디로 간다한들 옳지 않겠는가?

<苟 : 진실로. 推 : 미루어 추측함. 也 : 接續의 語助辭 ~이며. 何 : 어디로.

• 然則孝之於人 大矣而亦非高遠難行之事也 : 그러므로 사람에게 있어서 효를 행함은 크고 또한 높고 멀어 행하기 어려운 일이 아니다.

<孝之於人 : 사람에게 있어서 효를 행함은.

• 然 自非生之知者 必資學問而知之 學問之道 無他 : 그러나 스스로 태어나서 아는 자가 아니면 반드시 배움을 바탕으로 하여 아는 것이니 학문의 도는 다름이 아니다.

• 將欲通古今達事理 存之放心 體之於身 可不勉其學問之力哉 : 장차 예와 이제를 통하고 일의 이치를 통달하고자 하여 풀어놓은 마음을 묶어 두어 몸에 체화되게 하는 것이니 학문의 힘을 힘쓰지 않을 수 있을 것인가?

<體之 : 몸에 익숙히게 힘. 存之放心 : 풀어진 마음을 다잡음. 哉 : 反語形 語助辭.

• 茲用撫其歷代要義 書之篇左 : 이에 그 역대의 중요한 의미를 뽑아 책의 좌측에 쓴다.

『童蒙先習』: 저자는 박세무(朴世茂, 1487~1554)이다. 초학들이 서당에 들어가『천자문』을 배우고 난 후에 사용하던 교재이다. 체재는 서문에서 유교적 예교(禮敎)를 강조하고 본문에서는 總論과 五倫에 대한 설명으로 되어 있다. 16세기 이후에 한국 아동교육의 교과서로 널리 사용되었다.

1 다음 漢字의 訓과 音을 써보자.

唯(　　　）　靈(　　　）　違(　　　）　輔(　　　）
典(　　　）　理(　　　）　源(　　　）　鷄(　　　）
鳴(　　　）　咸(　　　）　盥(　　　）　漱(　　　）
怡(　　　）　燠(　　　）　淸(　　　）　晨(　　　）
逆(　　　）　號(　　　）　泣(　　　）　怒(　　　）
撻(　　　）　嚴(　　　）　惰(　　　）　顧(　　　）
奕(　　　）　戮(　　　）　鬪(　　　）　狠(　　　）
噫(　　　）　資(　　　）　達(　　　）　體(　　　）
勉(　　　）　玆(　　　）　撫(　　　）

2 唯人 最靈 所貴乎人者 以其有五倫也에서 '五倫'과 人而不知有五常則其違禽
獸 不遠矣에서 '五常'과 此五品者 天敍之典而人理之所同有者에서 '五品'과
人之行 不外乎五者而唯孝 爲百行之源에서 '五者'는 모두 동일한 대상을 지
시한 것인데 이렇게 구별하여 쓴 이유를 생각해 보자.

2. 擊蒙要訣

立志章 第一

初學이 先須立志에 必以聖人自期이오 不可有一毫自小退托之念이로다. 蓋衆人與聖人이 其本性則一也라. 雖氣質不能無淸濁粹駁之異라도 而苟能眞知實踐하여 去其舊染而復其性初면 則不增毫末而萬善具足矣라. 衆人이 豈可不以聖人自期乎아. 故로 孟子道性善하되 而必稱堯舜하사 以實之曰 人皆可以爲堯舜이니 豈欺我哉아.

當常自奮發曰人性本善이 無古今智愚之殊이거늘 聖人何故로 獨爲聖人이며 我則何故로 獨爲衆人也아. 良由志不立 知不明 行不篤耳이라. 志之立 知之明 行之篤이 皆在我耳로다. 豈可他求哉리오. 顔淵曰 舜何人也이며 予何人也오. 有爲者가 亦若是하니 我亦當以顔之希舜으로 爲法이로다.

人之容貌를 不可變醜爲姸하며 膂力을 不可變弱爲强하며 身體不可變短爲長하니 此則已定之分이라 不可改也로다. 惟有心志則可以變愚爲智하며 變不肖爲賢하며 此則心之虛靈이 不拘於稟受故也라. 莫美於智이며 莫貴於賢이거늘 何苦而不爲賢智하여 以毁損天所賦之本性乎아. 人

存此志하여 堅固不退면 則庶幾乎道矣리라. 凡人이自謂立志而不卽用功
하고 遲回等待者는 名爲立志而實無向學之誠故也라. 苟使吾志로 誠在
於學則爲仁由己이라. 欲之則至니 何求於人이며 何待於後在아. 所貴乎
立志者는 卽下工夫하되 猶恐不及하고 念念不退故也라. 如或志不誠篤
하여 因循度日이면 則窮年沒世라도 豈有所成就哉아.

— 『擊蒙要訣』

■ 漢字 풀이

須 모름지기 수	聖 성스러울 성	毫 가는 털 호	退 물러날 퇴	托 밀 탁
念 생각할 념	盖 대개 개	性 성품 성	雖 비록 수	質 바탕 질
濁 흐릴 탁	粹 순수할 수	駁 얼룩말 박	踐 밟을 천	染 물들일 염
增 더할 증	堯 요임금 요	舜 순임금 순	欺 속일 기	奮 떨칠 분
智 지혜 지	愚 어리석을 우	篤 도타울 독	顔 얼굴 안	淵 못 연
希 바랄 희	貌 모양 모	變 변할 변	醜 더러울 추	姸 고을 연
膂 등골뼈 려	肖 같을 초	靈 신령 령	稟 줄 품	毀 헐 훼
損 덜 손	賦 구실 부	堅 굳을 견	庶 여러 서	遲 늦을 지
待 기다릴 대	誠 정성 성	工 장인 공	恐 두려울 공	志 뜻 지
循 따를 순	沒 가라앉을 몰	擊 칠 격	蒙 어릴 몽	訣 비결 결

■ 句文 註釋

- 初學先須立志 必以聖人自期 : 초학이 먼저 모름지기 뜻을 세우되 반드시 성인으로
써 스스로 기약함이라.
  〈初學 : 처음 공부를 시작하는 사람. 立志 : 뜻을 세움.

- 不可有一毫自小退托之念 : 조금이라도 스스로를 작게 여기고 밀려 물러날 생각이
있어서는 안 될 것이다.
  〈托 : 밀릴 탁, '붙다'의 의미를 가진 '託(탁)'으로도 씀.

- 蓋衆人與聖人 其本性則一也 : 대개 중인과 성인이 그 본성은 한가지이다.
  〈衆人 : 보통 사람. 本性 : 타고난 성품.

- 雖氣質不能無淸濁粹駁之異 : 비록 기질은 청탁수박의 다름이 없지 않겠지만
  〈氣質 : 마음을 쌓고 있는 존재. 不能無 : 二重否定. 淸濁粹駁 : 맑고 흐리고 순수하고 잡것이 섞임. 성인은
  맑고 순수한데 중인은 흐리고 잡것이 섞였다는 의미.

- 而苟能眞知實踐 去其舊染而復其性初 : 그러나 진실로 참되게 알고 실천하여 그 젖
  어온 구습을 제거하고 그 본성의 처음을 되찾는다면
  〈而 : 逆接 語助辭. 舊染 : 구습에 젖음. 復 : 회복함. 其性初 : 태어날 때 하늘로부터 받은 본성.

- 則不增毫末而萬善具足矣 : 털끝만한 보탬이 없이 온갖 착함이 충분히 갖추어질 것
  이다.
  〈毫末 : 털끝. 具足 : 갖추어 만족함.

- 衆人豈可不以聖人自期乎 : 중인이 어찌 성인으로써 스스로 기약하지 않을 수 있
  겠는가?
  〈以 : 前置詞 ~으로써. 豈 ~乎 : 反語形, 어찌 ~이겠는가?

- 故孟子道性善 而必稱堯舜 : 그러므로 맹자가 성선을 말하되 반드시 요순을 일컬었
  으니
  〈道 : 말하다. 稱 : 가리키다. 堯舜 : 중국 고대 夏 나라의 임금들로 성인으로 일컬어짐.

- 以實之曰 人皆可以爲堯舜 豈欺我哉 : 그것으로 실증하여 말하기를, "사람이면 모두
  요순이 될 수 있다." 하였으니, 어찌 우리를 속였으랴?
  〈以 : 요순을 일컬은 것을 가지고. 哉 : 反語形 語助辭.

- 當常自奮發曰 人性本善 無古今智愚之殊 : 마땅히 항상 스스로 분발하여 말하기를,
  "인성은 본래 착하고 고금지우의 다름이 없거늘,
  〈人性 : 사람의 본성. 古今智愚 : 예와 이제와 지혜와 우둔함.

- 聖人何故 獨爲聖人 我則何故 獨爲衆人也 : 성인은 무슨 까닭으로 유독 성인이 되고
  나는 무슨 까닭으로 유독 중인이 된다 말인가?"라 함은
  〈何故~爲~也 : 反語形, 무슨 까닭으로 ~이 된단 말인가?

- 良由志不立 知不明 行不篤耳 : 진실로 뜻이 서지 못하고, 지혜가 밝지 못하며 행실
  이 독실하지 못하기 때문이다.
  〈由 : 말미암다. 때문이니. 知 : 智慧.

- 志之立 知之明 行之篤 皆在我耳 豈可他求哉 : 뜻을 세우고, 시혜를 밝게 하며, 행실
  을 독실히 하는 것이 모두 나에게 있을 따름이니 어찌 남에게서 구하리오?
  〈豈~哉 : 反語形, 어찌 ~하리오?

- 顔淵曰 舜何人也 予何人也 有爲者 亦若是 : 안연이 말하기를, "순 임금은 어떤 사
  람이며 나는 어떤 사람인가, 실천하는 자는 또한 이와 같다."라고 하였으니,
  〈顔淵 : 공자의 제자. 有爲者 : 순 임금처럼 실천하는 자. 亦若是 : 또한 순 임금처럼 될 수 있다.

- 我亦當以顔之希舜爲法 : 나 또한 마땅히 안연이 순이 되기를 바라는 것으로써 법도를 삼겠다.
  〈我 : 話者.
- 人之容貌 不可變醜爲姸 膂力不可變弱爲强 身體不可變短爲長 : 사람의 용모는 추한 것을 곱게 바꿀 수 없고, 힘도 약한 것을 강하게 바꿀 수 없으며, 신체가 짧은 것을 길게 바꿀 수는 없다.
  〈膂力(여력) : 체력.
- 此則已定之分不可改也 : 이것은 이미 정해진 분수이기 때문에 바꿀 수가 없는 것이다.
- 惟有心志則可以變愚爲智 變不肖爲賢 : 오직 심지는 우둔함을 지혜롭게 바꿀 수 있고, 어리석음을 어질게 바꿀 수 있다.
  〈心志 : 마음이 뜻한 바. 不肖 : 어리석음.
- 此則心之虛靈不拘於稟受故也 : 이것은 마음의 허령이 타고난 바에 구애됨이 없기 때문이다.
  〈虛靈 : 잡념이 없이 비어 신령스러움. 稟受 : 하늘이 내려 주어 받음. 선천적으로 타고난 바.
- 莫美於智 莫貴於賢 : 지혜보다 아름다운 것이 없고, 어짊보다 귀한 것이 없다.
  〈莫~於 : 比較否定形. ~보다 ~한 것이 없다.
- 何苦而不爲賢智 以毁損天所賦之本性乎 : 무엇이 괴로워 어질고 지혜롭지 못하여 사람이 하늘로부터 받은 본성을 훼손하겠는가?
  〈天所賦之本性 : 선천적으로 받은 바의 본성.
- 人存此志堅固不退 則庶幾乎道矣 : 사람이 이 뜻을 가지고 견고히 물러서지 않아야 거의 도에 가까웠다고 할 수 있다.
  〈庶幾 : 거의 ~이다. 긍정의 의미.
- 凡人自謂立志而不卽用功 遲回等待者 : 보통 사람들은 뜻을 세웠다고 스스로 말하면서도 곧 힘을 쓰지 않고 주저하면서 기다리는 것은
  〈凡人 : 무릇 사람들은 또는 보통 사람들.
- 名爲立志而實無向學之誠故也 : 명목상으로만 뜻을 세웠지 실제로는 학문을 향하는 정성이 없기 때문이다.
  〈名 : 이름만. 實 : 사실은 실제로는.
- 苟使吾志 誠在於學則爲仁由己 欲之則至 何求於人 何待於後哉 : 진실로 나의 뜻으로 하여금 정성이 학문에 있다면 인을 하는 것이 자기에게 있는 것이니, 하고자 하면 이르는 것인데 어찌 남에게서 구하며 후일을 기다리겠는가?
  〈苟 : 진실로. 使 : 使役形 ~하게 하고자 한다. 欲之 : 그것을 하고자 함. 之는 爲仁을 가리키는 後置詞.
- 所貴乎立志者 卽下工夫 猶恐不及 念念不退故也 : 뜻을 세움에 있어서 귀하게 여기는 바는 곧 공부를 시작하고 미치지 못할 것을 오히려 두려워하여 물러서지 말 것

을 생각하는 것이니

〈乎 : 前置詞 ~에서. 下 : 시작하다. 念念 : 생각하고 생각함.

• 如或志不誠篤 因循度日 則窮年沒世 豈有所成就哉 : 만일 뜻이 성실하지 못하여 남
하는 대로 날만 보낸다면 나이 다하여 죽도록 해도 어찌 이루는 바가 있겠는가?

〈如或 : 만일 혹시라도. 誠篤 : 정성과 독실. 因循度日 : 남 하는 대로 따라 하여 날만 보냄. 窮年沒世 : 해가
다하고 시간이 끝나도록. 哉 : 反語形 語助辭.

『擊蒙要訣』: 栗谷 李珥 선생이 42세에 부제학에서 물러나 3월에
경기도 파주 栗谷으로 돌아갔다가 10월에 海州 石潭으로 가서 隱屛
精舍를 짓고, 그곳에서 제자를 가르칠 때 초학자들의 道學 入門을
위해서 지은 책이다. 내용은 뜻을 세우는 〈立志〉를 제일장으로 시
작하여 〈革舊習〉, 〈持身〉 등의 내용으로 전개되고 〈處世〉 제십장으
로 끝난다. 여기서 擊蒙은 우매함을 물리친다는 의미이고, 要訣은
중요한 비결이란 의미이다.

1 다음 漢字의 音을 써 보자.

須(   )   毫(   )   托(   )   質(   )
粹(   )   駁(   )   踐(   )   染(   )
增(   )   欺(   )   奮(   )   篤(   )
顔(   )   淵(   )   希(   )   變(   )
醜(   )   姸(   )   膂(   )   肖(   )
稟(   )   毁(   )   損(   )   賦(   )
庶(   )   遲(   )   待(   )   循(   )
沒(   )

2 다음 漢字語의 뜻을 說明해 보자.

(1) 立志
(2) 氣質
(3) 粹駁
(4) 性善
(5) 聖人
(6) 衆人

3 顔淵曰 “舜何人也 予何人也 有爲者 亦若是.” 顔淵이 한 이 말이 意味하는
바를 說明해 보자.

3. 明心寶鑑

東嶽聖帝垂訓曰 一日行善이면 福雖未至나 禍自遠矣요 一日行惡이면 禍雖未至나 福自遠矣니 行善之人은 如春園之草하야 不見其長이라도 日有所增하고 行惡之人은 如磨刀之石하야 不見其損이라도 日有所虧니라.

―「繼善篇」

康節邵先生曰 聞人言人之謗이라도 未嘗怒하며 聞人言人之譽라도 未嘗喜하고 聞人言人之惡이라도 未嘗和하며 聞人言人之善則就而和之하고 又從而喜之니라 하니라. 其詩曰 樂見善人하고 樂聞善事하며 樂道善言하며 樂行善意하고 聞人之惡이어든 如負芒刺하고 聞人之善이어든 如佩蘭蕙하라 하니라.

―「正己篇」

景行錄에 曰 心可逸이언정 形不可不勞요 道可樂이언정 心不可不憂니 形不勞則怠惰易弊하고 心不憂則荒淫不定故로 逸生於勞而常休하고 樂生於憂而無厭하나니 逸樂者는 憂勞를 豈可忘乎아

―「正己篇」

子張이 欲行에 辭於夫子할새 願賜一言이 爲修身之美하노이다. 子曰
百行之本이 忍之爲上이니라. 子張曰 何爲忍之닛고. 子曰 天子忍之면
國無害하고 諸侯忍之면 成其大하고 官吏忍之면 進其位하고 兄弟忍之면
家富貴하고 夫妻忍之면 終其世하고 朋友忍之면 名不廢하고 自身忍之면
無禍害니라.

—「戒性篇」

朱文公曰 家若貧이라도 不可因貧而廢學이오 家若富이라도 不可恃富
而怠學이니 貧若勤學이면 可以立身이오 富若勤學이면 名乃光榮하리니
惟見學者顯達이오 不見學者無成이니라. 學者는 乃身之寶요 學者는 乃
世之珍이니라. 是故 學則爲君子요 不學則爲小人이니 後之學者는 宜各
勉之니라.

—「勤學篇」
『明心寶鑑』

■ 漢字 풀이

嶽 큰 산 악	帝 임금 제	垂 드리울 수	訓 가르칠 훈	禍 재앙 화
園 동산 원	增 불을 증	磨 갈 마	刀 칼 도	損 덜 손
虧 이지러질 휴	康 편안할 강	節 마디 절	邵 고을이름 소	謗 헐뜯을 방
嘗 일찍이 상	怒 성낼 노	譽 기릴 예	喜 기쁠 희	和 화할 화
就 나아갈 취	從 따를 종	負 질 부	芒 까끄라기 망	刺 가시 자
佩 찰 패	蘭 난초 란	蕙 혜초 혜	景 볕 경	錄 기록할 록
逸 편안할 일	形 모양 형	勞 일할 로	憂 근심 우	怠 게으를 태
惰 게으를 타	弊 해질 폐	荒 거칠 황	淫 음란할 음	逸 편안한 일
休 아름다울 휴	厭 싫을 염	忘 잊을 망	張 베풀 장	辭 말 사

賜 줄 사 　　修 닦을 수 　　忍 참을 인 　　諸 여러 제 　　侯 과녁 후
官 벼슬 관 　　吏 벼슬아치 리 　朋 벗 붕 　　廢 폐할 폐 　　朱 붉을 주
恃 믿을 시 　　勤 부지런할 근 　乃 이에 내 　　顯 드러날 현 　　達 통달할 달
寶 보배 보 　　珍 보배 진 　　宜 마땅할 의 　勉 힘쓸 면

■ 句文 註釋

- 東嶽聖帝垂訓曰 : 동악성제가 가르침을 내려 말하기를,
  〈東嶽聖帝 : 道家에서 숭앙하는 가공적인 신선. 垂訓 : 가르침을 내리다.

- 一日行善 福雖未至 禍自遠矣 一日行惡 禍雖未至 福自遠矣 : "하루 선을 행하면 복
  은 비록 이르지 아니하더라도 화는 저절로 멀어질 것이다. 하루 악을 행하면 화는
  비록 이르지 아니하더라도 복은 스스로 멀어질 것이다.
  〈雖 : 비록 ~일지라도. 自 : 스스로, 저절로. 未 : 否定形 아직 ~하지 않다. 矣 : 終結形 語助辭 ~일 것이다.

- 行善之人 如春園之草 不見其長 日有所增 行惡之人 如磨刀之石 不見其損 日有所
  虧 : 선을 행하는 사람은 봄 동산의 풀과 같아서 그 자람이 보이지 않지만 날로 더
  하는 바가 있고, 악을 행하는 사람은 칼을 가는 숫돌과 같아서 닳아 없어지는 것이
  보이지 않아도 날로 이지러지는 것과 같으니라."라 하다.
  〈如 : 比較形 ~같다. 所增 : 被動形 더해지는 바, 所는 形容詞나 動詞를 名詞化하는 데 사용된다.

- 康節邵先生曰 : 강절 소 선생이 말하기를,
  〈康節 : 중국 宋代의 학자 邵雍의 諡號, 周敦頤가 宋學의 理氣論을 세운 데 대하여 邵雍은 같은 시기에 象
  　數論을 폈다.

- 聞人言人之謗 未嘗怒 聞人言人之譽 未嘗喜 聞人言人之惡 未嘗和 : "사람들이 남을
  비방하는 말을 들어도 화내지 말고, 사람들이 남을 칭찬하는 말을 들어도 기뻐하지
  말며, 사람들이 남을 헐단하는 말을 들어도 함께하지 말라.
  〈다른 이본 중에는 '人言'이 없는 刊行本도 있으나, 黃山祠 重刊本에는 나와 있기 때문에 여기서는 이 간행
  　본을 따랐다. 未嘗 : 일반적으로는 '~아니한 적이 없다.'로 쓰이지만, 여기서는 '~하지 말라.'의 의미이다.
  　惡 : 악할 악 惡人, 미워할 오 好惡.

- 聞人言人之善則就而和之又從而喜之 : 사람들이 남의 선을 말하는 것을 듣거든 곧
  나아가 함께하고 또 따라서 기뻐할 것이니라."라 하다.

- 其詩曰 樂見善人 樂聞善事 樂道善言 樂行善意 聞人之惡 如負芒刺 聞人之善 如佩蘭
  蕙 : 그의 시에 말하기를, "착한 사람 보기를 즐겨하고, 착한 일 듣기를 즐겨하며,
  착한 말 이르기를 즐겨하고, 착한 뜻 행하기를 즐겨하며, 남의 악을 듣거든 자기 몸
  에 가시를 진 것 같이 하고, 남의 선을 듣거든 향초를 찬 것같이 하리."고 하였다.
  〈樂道의 '道'는 말하다. 樂 : 풍류 악 音樂, 즐기울 락 樂園, 좋아할 요 樂山樂水.

• 景行錄 曰 : 경행록에 이르기를,
　〈景行 : 큰 길, 훌륭한 행실.

• 心可逸 形不可不勞 道可樂 心不可不憂 : 마음은 편하지만 몸은 수고롭지 않을 수
없고, 도는 즐겁지만 마음은 걱정하지 않을 수 없다.
　〈不可不 : 二重否定, ～하지 않을 수 없다.

• 形不勞則怠惰易弊 心不憂則荒淫不定故 : 몸이 수고롭지 않으면 게을러서 허물어지
기 쉽고, 마음이 걱정하지 않으면 주색에 빠져서 행동이 일정하지 않다. 그러므로
　〈怠惰 : 게으르고 게으름. 荒淫 : 주색에 빠짐, 함부로 음탕한 짓을 함.

• 逸生於勞而常休 樂生於憂而無厭 逸樂者 憂勞 豈可忘乎 : 편안함은 수고로움에서
생기므로 항상 기쁠 수 있고, 즐거움은 근심하는 데서 생기므로 싫어함이 없으니
편안하고 즐거운 자가 근심과 수고를 어찌 잊을 수 있겠는가?
　〈於 : 前置詞 ～에서. 休 : 아름다울 휴.

• 子張 欲行 辭於夫子 願賜一言 爲修身之美 : 자장이 떠나고자 하여 공자께 하직하면
서, 바라건대 한 말씀 내려주셔서 수신의 아름다움을 삼게 하소서 하니,
　〈子張 : 공자의 제자 중 한 사람. 辭 : 하직 인사. 爲 : 삼다.

• 子曰 百行之本 忍之爲上 : 공자께서 말씀하시기를, “백행의 근본은 참는 것을 으뜸
으로 여긴다.”라고 하셨다.
　〈百行 : 모든 행실.

• 子張曰 何爲忍之 : 자장이 말하기를, “어찌해야 참는 것이 됩니까?”라 하니
　〈何爲 : 어찌하여야.

• 子曰 天子忍之 國無害 諸侯忍之 成其大 官吏忍之 進其位 : 공자께서 말씀하시기를,
“천자가 참으면 나라에 해가 없고, 제후가 참으면 그 큼을 이루고, 벼슬아치가 참
으면 그 지위가 올라가고,
　〈成其大 : 나라가 커지는 것을 의미.

• 兄弟忍之 家富貴 夫妻忍之 終其世 朋友忍之 名不廢 自身忍之 無禍害 : 형제가 참으
면 집안이 부귀하고, 부부가 참으면 그 세상을 마치고, 친구끼리 참으면 이름이 깎
이지 않고, 자신이 참으면 재앙이 없느니라.” 하였느니라.
　〈終其世 : 부부가 해로하여 함께 죽음.

• 朱文公曰 : 주문공이 말하기를,
　〈朱文公 : 宋의 大儒學者, 朱子學의 鼻祖, 號는 晦庵.

• 家若貧 不可因貧而廢學 家若富 不可恃富而怠學 : “집이 만약 가난하더라도 가난으
로 인해서 배우는 것을 버리는 것은 옳지 않고, 집이 만약 부유하더라도 부유한 것
을 믿고 학문을 게을리 하는 것은 옳지 않다.
　〈若 : 假定形, 만약.

• 貧若勤學 可以立身 富若勤學 名乃光榮 惟見學者顯達 不見學者無成 : 가난한 자가

만약 부지런히 배우면 그것으로 몸을 세울 수 있고, 부유한 자가 만약 부지런히 배우면 이름이 바로 빛날 것이다. 오직 배운 자가 현달한 것은 보았지만 배운 자가 이루지 못한 것은 보지 못했다.

〈 乃 : 이에, 바로. 惟 : 여기서는 唯와 같은 의미로 쓰임 오직. 顯達 : 세상에 이름이 드러남.

• 學者 乃身之寶 學者 乃世之珍 是故 學則爲君子 不學則爲小人 後之學者 宜各勉之 : 배움이란 바로 몸의 보배요, 배운 사람이란 곧 세상의 보배다. 그러므로 배우면 군자가 되고, 배우지 않으면 소인이 될 것이니 뒤에 배우는 자가 마땅히 각각 힘써야 하느니라." 하셨다.

〈 學者 : 前者는 배움, 後者는 배운 자. 爲 : -되다.

『明心寶鑑』 : '밝히다'의 明과 '마음'이라는 心, '보배', '보물'이라는 寶와 '거울'이라는 鑑자로 이루어진 이 책은 하늘의 밝은 섭리를 설명하여 자신을 반성하게 하고 인간 본연의 양심을 지켜 숭고한 인격을 닦을 수 있다는 것을 제시하고 있다.

또 이 책은 高麗 忠烈王 때 文臣이었던 추적(秋適)이 著述했다는 설과 明 范立本이 先賢들의 교훈이 담긴 短文들을 엮어 모았다는 설이 있다. 그리고 책의 내용은 원래 繼善, 天命 등 十九편으로 되어 있던 것을 근래에 와서 어떤 학자가 增補, 八反歌, 孝行, 廉義, 勸學 등 五편을 增補하여 全二十四편으로 되어 있다.

1 다음 漢字의 音을 써 보자.

嶽(　　　)　　垂(　　　)　　增(　　　)　　磨(　　　)
損(　　　)　　虧(　　　)　　節(　　　)　　邵(　　　)
謗(　　　)　　譽(　　　)　　負(　　　)　　芒(　　　)
刺(　　　)　　佩(　　　)　　蘭(　　　)　　蕙(　　　)
景(　　　)　　怠(　　　)　　惰(　　　)　　弊(　　　)
荒(　　　)　　淫(　　　)　　逸(　　　)　　休(　　　)
厭(　　　)　　張(　　　)　　辭(　　　)　　賜(　　　)
侯(　　　)　　廢(　　　)　　朱(　　　)　　恃(　　　)
勤(　　　)　　顯(　　　)　　達(　　　)

2 다음을 간단히 설명해 보자.

(1) 東嶽聖帝

(2) 康節邵先生

(3) 子張

(4) 朱文公

3 行善之人 如春園之草 不見其長 日有所增 行惡之人 如磨刀之石 不見其損 日
有所虧을 飜譯해 보자.

4 心可逸 形不可不勞 道可樂 心不可不憂의 意味를 생각해 보자.

4. 小學

子思子曰 天命之謂性이요 率性之謂道요 修道之謂敎라 則天明하며 遵聖法하여 述此篇하여 俾爲師者로 知所以敎하며 而弟子로 知所以學하노라.

——「立敎」

列女傳에 曰 古者에 婦人妊子에 寢不側하며 坐不邊하며 立不蹕하며 不食邪味하며 割不正이어든 不食하며 席不正이어든 不坐하며 目不視邪色하며 耳不聽淫聲하고 夜則令瞽로 誦詩하며 道正事하더니라. 如此則生子에 形容이 端正하며 才過人矣러라.

——「立敎」

孟軻之母가 其舍가 近墓러니 孟子之少也에 嬉戱에 爲墓間之事하여 踊躍築埋어시늘 孟母曰 此가 非所以居子也라 하고 乃去舍市하니 其嬉戱에 爲賈衒이어시늘 孟母曰 此가 非所以居子也라 하고 乃徙舍學宮之旁하니 其嬉戱에 乃設俎豆하여 揖讓進退이이시늘 孟母曰 此가 眞可以居子矣로다 하고 遂居之하니라. 孟子가 幼時에 問東家殺猪는 何爲오. 母曰 欲啖

汝니라. 旣而悔曰 吾聞古有胎敎라 하니 今適有知而欺之면 是敎之不信
이라 하고 乃買猪肉하여 以食之하니라. 旣長就學하여 遂成大儒하시니라.

―「稽古」

　　陳忠肅公曰 幼學之士가 先要分別人品之上下이니 何者가 是聖賢所
爲之事이며 何者가 是下愚所爲之事오 하여 向善背惡하여 去彼取此가 此
가 幼學所當先也이니라. 顔子孟子亞聖也이라 學之雖未至이나 亦可爲賢
人이니 今學者가 若能知此則顔孟之事를 我亦可學이니라. 言溫而氣和
則顔子之不遷을 漸可學矣오 過而能悔하며 又不憚改則顔子之不貳를
漸可學矣리라. 知埋甓之戲가 不如俎豆하고 念慈母之愛가 至於三遷하여
自幼至老히 不厭不改하여 終始一意則我之不動心이 亦可以如孟子矣리
라. 若夫立志不高則其學이 皆常人之事이라 語及顔孟則不敢當也하여
其心에 必曰 我爲孩童이어니 豈敢學顔孟哉리오 하리니 此人은 不可以語
上矣니라. 先生長者가 見其卑下하고 豈肯與之語哉리오. 先生長者가 不
肯與之語則其所與語가 皆下等人也라. 言不忠信이 下等人也요 行不篤
敬이 下等人也요 過而不知悔가 下等人也요 悔而不知改가 下等人也이
니 聞下等之語하고 爲下等之事하면 譬如坐於房舍之中하여 四面皆墻壁
也이니 雖欲開明이니 不可得矣리라.

―「嘉言」
『小學集註』

104

謂 이를 위	率 거느릴 솔	則 본받을 측	遵 따를 준	聖 성인 성
述 지을 술	篇 책 편	俾 하여금 비	師 스승 사	列 벌일 렬
傳 전할 전	婦 며느리 부	妊 아이 밸 임	寢 잠잘 침	側 곁 측
坐 앉을 좌	邊 갓 변	蹕 외발로 설 비	邪 간사할 사	割 나눌 할
席 자리 석	淫 음란할 음	聲 소리 성	令 하여금 령	瞽 소경 고
誦 욀 송	容 얼굴 용	端 끝 단	才 재주 재	孟 맏 맹
軻 맹자 이름 가	舍 집 사	墓 무덤 묘	少 적을 소	嬉 즐길 희
戲 기쁠 희	踊 뛸 용	躍 뛸 약	築 쌓을 축	埋 묻을 매
賈 장사 고	衒 팔 현	徙 옮길 사	宮 집 궁	旁 두루 방
設 베풀 설	俎 도마 조	豆 콩 두	揖 읍할 읍	讓 사양할 양
遂 이를 수	殺 죽일 살	猪 돼지 저	啖 먹을 담	汝 너 여
旣 이미 기	悔 뉘우칠 회	胎 아이 밸 태	適 마침 적	欺 속일 기
買 실 매	肉 고기 육	儒 선비 유	稽 머무를 계	陳 늘어놓을 진
肅 엄숙할 숙	品 물건 품	愚 어리석을 우	背 등 배	彼 저 피
顔 얼굴 안	亞 버금 아	亦 또 역	溫 따뜻할 온	遷 옮길 천
漸 점점 점	又 또 우	憚 꺼릴 탄	貳 두 이	鬻 기를 육
育 기를 육	慈 사랑할 자	厭 싫을 염	終 마칠 종	始 처음 시
常 항상 상	及 미칠 급	敢 감히 감	孩 어린아이 해	童 아이 동
卑 낮을 비	肯 옳이 여길 긍	等 가지런할 등	譬 비유할 비	房 방 방
面 낯 면	墻 담 장	壁 벽 벽	欲 바랄 욕	嘉 아름다울 가

• 子思子曰 天命之謂性 率性之謂道 修道之謂敎 : 자사 선생께서 말씀하시기를, "천명
그것을 일러 성이라 하고, 솔성 그것을 일러 도라 하며, 수도 그것을 일러 교"라고
한다.

> 〈子思子 : 공자의 손자. 이름은 伋(급). 자사는 그의 字. 아래에 있는 子는 후학이 宗師 先儒를 가리키는 존
> 칭접미사. 天命 : 命은 令, 하늘이 명한 것. 性 : 理와 같은 의미로 이미 존재하는 것. 率性 : 率은 循과 같
> 은 의미로 하늘로부터 받은 것대로 따르는 것. 修道 : 道는 길과 같은 의미로 사람이 마땅히 해야 할 바
> 를 닦는 것.

• 則天明 遵聖法 述此篇 俾爲師者 知所以敎 而弟子 知所以學 : 천명을 본받고 성인의

법을 따라 이 책을 저술하여 스승이 된 자로 하여금 가르칠 바를 알게 하고 제자로
하여금 배울 바를 알게 한다.
〈則天明 : 則은 法과 같은 의미. 天明은 天命의 明을 가리킴. 遵聖法 : 遵은 循과 같은 의미. 聖法은 聖人의
　法으로 곧 修道之敎임. 俾는 使와 같음.

- 列女傳 曰 古者 婦人姙子 寢不側 坐不邊 立不蹕 : 열녀전에 이르기를, “옛적에 부
　인이 자식을 임신하였을 제, 잠 잘 때 옆으로 하지 않고, 앉을 때 자리 가에 앉지
　않고, 서 있을 때 짝 다리를 하지 않으며,
〈列女傳 : 漢 나라 劉向이 귀감이 될 만한 여인들의 행적을 모아 펴낸 책. ‘蹕’은 ‘跛’로 몸의 중심을 한쪽으
　로 기울이고 서 있는 것을 의미.

- 不食邪味 割不正 不食 席不正 不坐 : 맛이 바르지 않은 것은 먹지 않고, 벤 자리가
　바르지 않은 것은 먹지 않으며, 바르지 않은 좌석은 앉지 않고,
〈割 : 고기 잘린 것.

- 目不視邪色 耳不聽淫聲 夜則令瞽 誦詩 道正事 如此則生子 形容端正 才過人矣 : 눈
　에 바르지 않은 색은 보지 않으며, 귀에는 더러운 소리를 듣지 않고, 밤에는 장님으
　로 하여금 시를 읊게 하고 바른 일을 말하게 하였느니라.” 이와 같이 하면 자식을
　낳아도 형용이 단정하고 재주가 남보다 뛰어날 것이다.
〈邪色 : 간사한 색. 淫聲 : 더러운 소리. 令 : 使役形 語助辭, ~하여금.

- 孟軻之母 其舍 近墓 孟子之少也 嬉戱 爲墓間之事 踊躍築埋 : 맹가의 어머니가 이사
　한 그 집이 무덤에 가깝더니 맹자가 어렸을 적에 소꿉놀이를 하여 무덤에서 일어난
　일을 하며, 뛰고 다지며 쌓고 묻고 하거늘,
〈孟軻 : 孟子의 名.

- 孟母曰 此 非所以居子也 乃去舍市 其嬉戱에 爲賈衒 : 맹자의 모친이 가로되, “여기
　는 자식을 살게 할 곳이 못 된다.”라 하고, 바로 버리고 저자에서 살더니 그 소꿉놀
　이에 흥정하고 파는 일을 하거늘,
〈舍 : 居와 같다. 賈 : 장사, 흥정, 거래.

- 孟母曰 此 非所以居子也 乃徙舍學宮之旁 其嬉戱 乃設俎豆 揖讓進退 : 맹자 어머니
　가 가로되, “이곳도 자식을 살게 할 곳이 못 된다.”라 하고, 바로 옮겨 학궁 곁에 살
　게 하니 그 소꿉놀이에 바로 제사를 지내며 읍을 하고 사양하며 나아가고 물러나다.
〈學宮 : 학교. 俎豆 : 俎 : 제사 때 희생물을 얹는 도구. 豆 : 제기 이름. 揖讓進退 : 禮의 내용.

- 孟母曰 此 眞可以居子矣 遂居之 : 맹자 어머니가 가로되, “이곳이 진실로 자식을
　살게 할 만하다.”라 하고, 마침내 살았다.

- 孟子 幼時 問東家殺猪 何爲 母曰 欲啖汝 : 맹자가 어렸을 적에 동녘의 집에서 돼지를 죽이
　거늘 무엇을 하려고 그러는가 하니, 맹자 어머니가 가로되, “너에게 먹이려고 그러나 보다.”
　라 하고,
〈啖 : 먹이다. 欲啖汝는 어머니가 농담으로 한 말이다.

• 旣而悔曰 吾聞古有胎敎 今適有知而欺之 是敎之不信 : 이윽고 뉘우치고 가로되, "나는 들으니 옛적에는 태교가 있다고 했는데 지금 마침내 알고 있으면서 속이면 이는 믿지 않는 것을 가르치는 것이다." 하고,
〈適 : 바야흐로. 而 : 逆接 語助辭.

• 乃買猪肉 以食之 旣長就學 遂成大儒 : 바로 돼지고기를 사서 그것을 먹이니 이윽고 자라 학문에 나아가 마침내 큰 선비가 되었다.
〈乃買猪肉 : 앞에 농으로 한 말을 실천하기 위해서 그렇게 한 것이다. 食之 : 使役形 먹이다.

• 陳忠肅公曰 幼學之士 先要分別人品之上下 : 진 나라 충숙공이 가로되, "유학지사에게 먼저 요구되는 것은 인품의 상하를 분별함이니,
〈陳 : 진 나라. 忠肅公 : 名은 瓘, 字는 瑩中, 호는 了翁, 忠肅은 諡號, 延平人. 幼學之士 : 이제 막 학문을 시작한 사람을 지칭.

• 何者 是聖賢所爲之事 何者 是下愚所爲之事 : 무엇이 성현이 하는 바의 일이고 무엇이 어리석은 자의 하는 바의 일인가 하여,
〈여기서 마땅히 향해 취할 것은 上品 곧 聖賢이고 마땅히 등 돌리고 버려야 할 것은 下品 곧 下愚이다.

• 向善背惡 去彼取此 此 幼學所當先也 : 선을 향하고 악에 등 돌리어 저것을 버리고 이것을 취하는 것이 유학이 마땅히 먼저 할 바다.

• 顔子孟子亞聖也 學之雖未至 亦可爲賢人 : 안자 맹자는 성인 버금가는 분들이라, 배워도 비록 이르지 못하지만 또한 현인이 될 수 있으니
〈이것은 성현의 일을 마땅히 향해야 함을 말한 것이다. 學之 : 안자와 맹자를 배운다는 것을 이른다. 之는 後置詞.

• 今學者 若能知此則顔孟之事 我亦可學 : 지금 배우는 자가 만약 이것을 알 수 있다면 안자 맹자의 일을 나도 또한 배울 수 있다.

• 言溫而氣和則顔子之不遷 漸可學矣 : 말씀이 온후하고 기운이 화평하면 안자의 옮기지 아니함을 점점 배울 것이고,
〈不遷 : 여기서 하난 것을 저기로 옮기지 않는다.

• 過而能悔 又不憚改則顔子之不貳 漸可學矣 : 잘못하고 뉘우칠 수 있고 또 고치기를 꺼리지 아니할 것 같으면 안자의 다시 아니함을 점점 배울 수 있을 것이다.
〈不貳 : 한 번 한 잘못을 뒤에 다시 하지 않는다.

• 埏埴鬻之戲 不如俎豆 念慈母之愛 全於二遷 : 묻고 흥정하는 소꿉놀이가 제사 지내는 것만 같지 못함을 알고, 지모의 사랑힘이 세 번 옮김에 이름을 생각하여
〈埴 : 墓問之事. 鬻 : 市中之事. 俎豆 : 學宮之事. 이것이 三遷之敎이다.

• 自幼至老 不厭不改 終始一意則我之不動心 亦可以如孟子矣 : 어려서부터 늙음에 이르도록 싫이하지 않고 고치지 아니하여 나중과 처음이 한결같으니 나의 부동심 또한 맹자와 같을 수 있을 것이다.
〈不厭 : 學不倦 배우는 것을 게을리 하시 않음. 不改 : 守不變 변하지 않고 지킴. 不動心 : 외물에 자신이 마

- 若夫立志不高則其學 皆常人之事 語及顔孟則不敢當也 : 만약 뜻 세움이 높지 아니하면 그 배움이 모두 보통사람의 일이라, 말이 안자와 맹자에 미치면 감히 감당하지 못한다 하여

- 其心 必曰 我爲孩童 豈敢學顔孟哉 : 그 마음에 반드시 가로되, '나는 아이로서 어찌 감히 안자와 맹자를 배우겠는가?'라 할 것이니,

- 此人不可以語上矣 先生長者 見其卑下 豈肯與之語哉 : 이 사람은 상등을 말하지 못할 것이다. 선생과 어른이 그 낮음을 보고 어찌 즐겨 그와 더불어 말하려 하겠는가?

  〈卑下 : 下愚를 말함.

- 先生長者 不肯與之語則其所與語 皆下等人也 : 선생과 어른이 즐겨 그와 더불어 말하지 않으면 더불어 말하는 바가 모두 하등의 사람이라.

- 言不忠信 下等人也 行不篤敬 下等人也 過而不知悔 下等人也 悔而不知改가 下等人也 : 말이 충성되고 신실하지 않으니 하등의 사람이요, 행실이 독실하고 공경하지 않으니 하등의 사람이요, 허물이 있어도 뉘우칠 줄 알지 못하니 하등의 사람이요, 뉘우치고도 고칠 줄 모르니 하등의 사람이다.

- 聞下等之語 爲下等之事 譬如坐於房舍之中 四面皆墻壁也 : 하등의 말을 듣고 하등의 일을 하는 것은 비유하면 방 안에 앉아서 사면이 다 담벽이니

- 雖欲開明 不可得矣 : 비록 열어 밝게 하고자 해도 할 수가 없을 것이다."라 하다.

『小學』: 중국 남송(南宋)시대 주희(朱熹)의 감수 아래 그의 제자 유자징(劉子澄) 등이 편찬한 책으로 1187년 주희가 58세 되던 해에 완성하였다. 주자가 노년에 『소학』을 펴낸 당시에는 송 나라가 만주족인 금 나라에 밀려 남쪽으로 내려온 국가적 위기 상황에서 선량한 풍속은 쇠퇴하고 어진 인재는 나오지 않은 채 사람들은 하나같이 자신의 이해득실만 따졌다. 주자는 이런 현실을 보고 어린 후학들이 인간의 착한 본성을 회복하여 기본적인 윤리를 실천할 때 비로소 당시의 위기를 극복할 수 있을 것을 기대하여 『소학』을 편찬한 것이다. 내편(內篇) 4권과 외편(外篇) 2권으로 이루어져 있으며 내편은 입교(立敎)·명륜(明倫)·경신(敬身)·계고(稽古), 외편은 가언(嘉言)·선행(善行) 순으로 되어 있다.
우리나라에서는 조선 초기부터 사학(四學), 향교, 서원, 서당 등에서 이 교재를 가르쳤으며, 특히 사대부의 제자들은 8세가 되면 유학의 초보로 이것을 배웠다. 그리고 김안국(金安國)이 『소학』을 한글로 번역한 『소학언해』가 있으며, 박재형(朴在馨)이 『소학』에서 발췌하고 유현(儒賢), 충신, 효자, 열부의 사례를 첨가하여 『해동소학(海東小學)』을 간행하기도 했다.

1 다음 漢字의 訓과 音을 써보자.

妊(   )   寢(   )   側(   )   坐(   )
邊(   )   躕(   )   邪(   )   割(   )
瞽(   )   誦(   )   踊(   )   躍(   )
築(   )   埋(   )   賈(   )   衒(   )
徙(   )   旁(   )   俎(   )   豆(   )
揖(   )   讓(   )   遂(   )   殺(   )
猪(   )   啖(   )   汝(   )   悔(   )
胎(   )   適(   )   欺(   )   買(   )
陳(   )   肅(   )   品(   )   愚(   )
背(   )   彼(   )   顏(   )   亞(   )
遷(   )   漸(   )   悔(   )   又(   )
憚(   )   貳(   )   埋(   )   鬻(   )
慈(   )   厭(   )   孩(   )   譬(   )
房(   )   墙(   )   壁(   )

2 儒學에서 말하는 性, 道, 敎에 대해서 간단히 說明해 보자.

3 列女傳에서 말하고 있는 胎敎法을 현대 胎敎法과 對比해 보자.

4 孟母三遷之敎에 대해서 간단히 說明해 보자.

제 5 편

漢詩·漢文
鑑賞

1. 山中雪夜
— 李齊賢

紙被生寒佛燈暗　沙彌一夜不鳴鍾
應嗔宿客開門早　要看庵前雪壓松

2. 賦絶命詩
— 成三問

擊鼓催人命　西風日欲斜
黃泉無客店　今夜宿誰家

3. 山行卽事
— 金時習

兒捕蜻蜓翁補籬　少溪春水欲鸕鷀
靑山斷處歸程遠　橫擔烏藤一箇枝

4. 過松江墓有感
— 權韠

空山落木雨蕭蕭　相國風流此寂寥
怊悵一杯難更進　昔年歌曲卽今朝

5. 自恨
— 李梅窓

春冷補寒衣　紗窓日照時
低頭信手處　珠漏滴針絲

紙 종이 지	被 입을 피	佛 부처 불	燈 등잔 등	暗 어두울 암
沙 모래 사	彌 두루 미	鳴 울 명	鍾 쇠북 종	應 응할 응
嗔 성낼 진	要 구할 요	看 볼 간	庭 뜰 정	壓 누를 압
賦 구실 부	絶 끊을 절	擊 칠 격	鼓 북 고	催 재촉할 최
斜 빗길 사	黃 누를 황	店 가게 점	誰 누구 수	恨 한할 한
卽 곧 즉	習 익힐 습	捕 잡을 포	蜻 잠자리 청	蜓 잠자리 정
翁 노인 옹	籬 울타리 리	溪 시내 계	鸕 가마우지 로	鷀 가마우지 자
程 길 정	橫 빗길 횡	擔 멜 담	烏 까마귀 오	藤 등나무 등
箇 낱 개	墓 무덤 묘	蕭 맑은대쑥 소	寂 고요할 적	蓼 쓸쓸할 료
怊 슬플 초	悵 슬퍼할 창	杯 잔 배	難 어려울 난	梅 매화 매
窓 창 창	冷 찰 냉	補 기울 보	紗 깁 사	低 낮을 저
信 믿을 신	珠 구슬 주	漏 샐 루	滴 물방울 적	齊 가지런할 제

- 山中雪夜 : 산 중에 눈 내린 밤

- 紙被生寒佛燈暗 沙彌一夜不鳴鍾 : 종이 이불에 찬 기운이 일고 불상 앞 등불은 가물거리는데 사미는 밤중 내내 종을 치지 않는다.

  〈紙被 : 종이로 만든 이불, 과거에는 절에서 종이를 제조했기 때문에 그 종이로 이불을 만들어 사용하였다. 沙彌 : 불가에 출가하여 처음 十戒를 받은 자 여기서는 童子僧을 가리킴.

- 應嗔宿客開門早 要看庵前雪壓松 : 응당 자던 손이 일찍 나간 것을 꾸짖겠지만 애오라지 암자 앞의 눌린 소나무를 보려 했을 뿐이다.

  〈宿客 : 하룻밤 묵어간 손님. 要 : 애오라지 ~하기 바라다.

- 賦絶命詩 : 죽음을 앞에 두고 노래한 시

- 擊鼓催人命 西風日欲斜 : 북 치는 소리는 사람 목숨 재촉하고 서풍에 해는 기울고자 한다.

  〈擊鼓 : 사형 집행할 때 처형 시작을 알리는 북소리를 말함.

- 黃泉無客店 今夜宿誰家 : 황천엔 객점도 없으니 오늘 밤엔 누구 집에서 잘거나.

  〈黃泉 : 사람이 죽어서 간다는 곳. 客店 : 나그네가 길을 가다가 쉬어가는 곳.

- 山行卽事 : 산행 중 즉석에서 시를 지음.

- 兒捕蜻蜓翁補籬 少溪春水浴鸂鶒 : 아이는 잠자리 잡고 늙은이는 울타리 고치는데 작은 시내 봄물엔 물총새가 멱을 감는다.
  〈蜻蜓 : 잠자리. 鸂鶒 : 물에 사는 새.

- 靑山斷處歸程遠 橫擔烏藤一箇枝 : 푸른 산 끝난 곳에 돌아갈 길은 먼데 등나무 한 가지를 빗겨 메고 간다.
  〈烏藤 : 등나무.

- 過松江墓有感 : 송강의 묘를 지나면서 느낌이 있어
  〈松江 : 鄭澈, 1536~1593.

- 空山落木雨蕭蕭 相國風流此寂寥 : 빈산에 낙엽지고 비는 부슬부슬 내리는데 상공의 풍류도 이처럼 쓸쓸하구나.
  〈落木 : 낙엽이 진 나무. 蕭蕭 : 쓸슬함. 相國 : 정송강을 가리킴. 寂寥 : 적막하고 쓸쓸함.

- 怊悵一杯難更進 昔年歌曲卽今朝 : 슬프다, 한 잔의 술 다시 올리기 어려우니 지난 날 그 노래는 오늘 두고 지었겠지.
  〈怊悵 : 슬프고 슬퍼함. 歌曲 : 정철의 〈將進酒詞〉를 가리킴. 今朝 : 오늘 아침.

- 自恨 : 스스로 한탄함.

- 春冷補寒衣 紗窓日照時 : 봄 날씨 차가워 핫옷을 깁고 사창엔 햇살이 비칠 때
  〈寒衣 : 핫옷, 추위를 막기 위해서 솜을 넣어 지은 옷. 사창 : 비단처럼 고은 창호지로 바른 창문.

- 低頭信手處 珠漏滴針絲 : 고개를 숙이고 손 가는 대로 맡겨 둔 곳에 구슬 같은 눈물은 바늘 실에 떨어진다.
  〈信手 : 손 가는 대로 내어 맡김, 일이 손에 익어 능숙함.

◎

李齊賢(1287~1376) : 高麗 末 문신, 號 益齋(익재), 중국 燕京의 萬卷堂에서 名士들과 交遊, 『益齋亂藁』와 『櫟翁稗說』이 있음.
成三問(1418~1456) : 朝鮮朝 世祖 때 死六臣 중 한 사람, 號는 梅竹軒.
金時習(1435~1493) : 朝鮮朝 世祖 때 生六臣 중 한 사람으로 方外人的 삶을 살았다. 號는 梅月堂 또는 東峰, 『梅月堂集』이 있음.
權韠(1571~1612) : 朝鮮朝 光海君 때 문인 號 石洲 『石洲詩文集』이 전함.
李梅窓(1513~1550) : 朝鮮朝 光海君 때 女流詩人, 本名은 香今, 號는 梅窓 또는 桂娘, 扶女에 살년 기생.

1 다음을 소리 내어 읽고 써보자.

絶命( )	擊鼓( )	人命( )	西風( )
黃泉( )	紗窓( )	日照( )	信手( )
珠漏( )	針絲( )	紙被( )	佛燈( )
沙彌( )	鳴鍾( )	宿客( )	庭前( )
蜻蜓( )	鸕鷀( )	靑山( )	斷處( )
烏藤( )	松江( )	蕭蕭( )	寂寥( )
怊悵( )			

2 다음을 飜譯해 보자.

(1) 黃泉無客店 今夜宿誰家

(2) 低頭信手處 珠漏滴針絲

(3) 紙被生寒佛燈暗 沙彌一夜不鳴鍾

(4) 兒捕蜻蜓翁補籬 少溪春水欲鸕鷀

(5) 空山落木雨蕭蕭 相國風流此寂寥

1. 絶句
— 杜甫

江碧鳥逾白 山靑花欲然

今春看又過 何日是歸年

2. 尋隱者不遇
— 賈島

松下問童子 言師採藥去

只在此山中 雲深不知處

3. 望廬山瀑布
— 李白

日照香爐生紫烟 遙看瀑布掛前川

飛流直下三千尺 疑是銀河落九天

4. 楓橋夜泊
— 張繼

月落烏啼霜滿天 江楓漁火對愁眠

姑蘇城外寒山寺 夜半鐘聲到客船

5. 除夜作
— 高適

旅館寒燈獨不眠 客心何事轉凄然

故鄉今夜思千里 霜鬢明朝又一年

杜 팥배나무 두	甫 클 보	碧 푸를 벽	逾 넘을 유	尋 찾을 심
隱 숨길 은	遇 만날 우	賈 값 가	島 섬 도	採 캘 채
藥 약 약	廬 오두막집 여	瀑 폭포 폭	香 향기 향	爐 화로 로
紫 자줏빛 자	烟 연기 연	遙 멀 요	看 볼 간	掛 걸 괘
飛 날 비	尺 자 척	疑 의심할 의	銀 은 은	河 강 이름 하
楓 단풍 풍	橋 다리 교	泊 배댈 박	張 베풀 장	繼 이을 계
烏 까마귀 오	啼 울 제	霜 서리 상	滿 가득할 만	漁 고기잡을 어
對 대답할 대	愁 근심 수	眠 잠잘 면	姑 시어미 고	蘇 차조기 소
城 성 성	鐘 종 종	除 바뀔 제	適 갈 적	旅 군사 여
館 객사 관	燈 등잔 등	轉 구를 전	凄 쓸쓸할 처	鬢 귀밑털 빈

- 江碧鳥逾白 山靑花欲然 : 강은 푸르고 새는 더욱 하얗고, 산은 푸르고 꽃은 불붙는 듯하다.
  〈花欲然 : 꽃이 불타는 것처럼 붉다. 여기서 然은 燃의 의미.

- 今春看又過 何日是歸年 : 금년 봄도 보아하니 또 지나가는데 어느 날이 돌아갈 해인가?
  〈看又過 : 화자가 보아하니 세월이 또 지나간다.

- 尋隱者不遇 : 隱者를 찾았는데 만나지 못함.
  〈隱者 : 세상을 피해 도를 닦는 사람. 이 시는 賈島의 作이 아니고, 孫革의 〈訪羊尊師〉 詩라고도 한다.

- 松下問童子 言師採藥去 : 소나무 아래에서 동자에게 물으니 스승은 약을 캐러 갔다고 말한다.
  〈童子 : 심부름하는 아이.

- 只在此山中 雲深不知處 : 다만 이 산중에 있을 것이나 구름이 깊어서 있는 곳을 알 수 없도다.
  〈雲深 : 산이 높고 깊은 것을 구름이 깊다고 한 것임.

- 望廬山瀑布 : 여산의 폭포를 바라보니
  〈廬山 : 江西省 九江縣의 남쪽에 있는 산.

- 日照香爐生紫烟 遙看瀑布掛前川 : 해 비친 향로봉에 붉은 연기 피어오르는데 멀리 바라보이는 폭포가 앞 시내에 걸려 있다.

〈香爐峰 : 廬山 서북쪽에 있는 봉우리로 끝이 뾰쪽하고 둥글다. 紫煙 : 햇빛을 받아 물안개가 자줏빛으로 보여서 그렇게 말한 것임. 瀑布 : 「廬山記」에, "흰 물이 黃龍 남쪽 數 里에 걸쳐 있는데 곧 폭포수이다. 그 곳 사람이 그것을 白水湖"라고 했다.

- 飛流直下三千尺 疑是銀河落九天 : 날라 흘러 곧장 떨어진 것이 삼천 척인데 은하수가 구천에서 떨어진 것이 아닌가 한다.
  〈疑是 : 의심이 된다. 銀河 : 은하수. 九天 : 제일 높은 하늘을 가리킴.

- 楓橋夜泊 : 풍교에서 밤에 배를 대고 머물다.
  〈楓橋 : 地名, 江蘇省 蘇州 서쪽에 있는 다리.

- 月落烏啼霜滿天 江楓漁火對愁眠 : 달 지자 까마귀 울고 서리 가득한 하늘에 강변 단풍과 고깃배의 불을 상대하여 수심에 졸고 있는데
  〈江楓 : 강변의 단풍. 漁火 : 고깃배의 불.

- 姑蘇城外寒山寺 夜半鐘聲到客船 : 고소성 밖 한산사의 한밤중 종소리가 객선에 이른다.
  〈姑蘇城 : 지금의 蘇州, 春秋時代 吳의 都邑地. 寒山寺 : 江蘇省 吳縣의 서쪽 楓橋 근처에 있고 寒山과 拾得이라는 중이 있었던 곳으로 전함.

- 除夜作 : 除夜는 除夕(섣달 그믐날)에 지음.

- 旅館寒燈獨不眠 客心何事轉凄然 : 여관의 찬 등에 홀로 잠 못 이루고 나그네 마음은 무슨 일로 더욱 외롭고 쓸쓸한가?
  〈轉凄然 : 더욱 외롭고 처참하게 됨.

- 故鄕今夜思千里 霜鬢明朝又一年 : 고향은 오늘밤 생각하니 천 리나 떨어져 있고, 서리 물든 귀밑머리 내일 아침이면 또 한 살 더 먹네.
  〈霜鬢 : 서리 물든 귀밑머리 곧 백발.

○

絶句 : 近體詩의 하나인데 형태로 보면 律詩의 半을 자른 것과 같아서 半律詩 小律詩라고 하지만, 律詩의 半이 絶句라는 것에 대해서는 異說이 많아서 확실한 것은 아니다. 다만 起承轉結 4句로서 意味가 완결된 최소의 詩篇인 것은 분명하다. 5言으로 된 것과 7言으로 된 것이 있는데 이를 각각 5言 絶句, 7言 絶句라고 한다.

杜甫(712~770) : 唐 나라 시인으로 詩聖으로 알려져 있음. 李白과 쌍벽을 이루었다. 自號는 少陵野老 또는 杜陵野客

賈島(779~843) : 唐 나라 시인, 젊은 나이에 기기에 떨어져 중이 된 적이 있음. 뒤에 韓愈를 만나 환속을 권유 받고 여러 번 진사 시험에 응시했으나 급제하지 못함.

李白(701~762) : 唐 나라 시인, 詩仙으로 알려졌음. 自號는 靑蓮居士, 天寶 初에 賀知章 및 道士 吳筠의 추천을 받아 부름을 받아 長安에 왔다.

張繼(미상) : 唐 나라 시인, 襄州人, 天寶 12(753)년에 進士, 張繼의 詩는 淸逈深秀, 不尙雕琢하다는 評을 받았음.

高適(704~765) : 唐 나라 시인, 어려서 집안이 가난하여 梁 나라와 宋 나라를 떠돌아다님, 安史의 亂 후에 조정에 들어와 諫議大夫가 됨.

1 다음을 소리 내어 읽고 써보자.

絶句(   )　　江碧(   )　　歸年(   )　　隱者(   )
不遇(   )　　賈島(   )　　童子(   )　　採藥(   )
雲深(   )　　廬山(   )　　瀑布(   )　　日照(   )
香爐(   )　　紫煙(   )　　遙看(   )　　飛流(   )
銀河(   )　　楓橋(   )　　夜泊(   )　　張繼(   )
烏啼(   )　　滿天(   )　　江楓(   )　　漁火(   )
愁眠(   )　　夜半(   )　　鐘聲(   )　　客船(   )
除夜(   )　　高適(   )　　旅館(   )　　寒燈(   )
凄然(   )　　故鄉(   )　　霜鬢(   )

2 다음을 飜譯해 보자.

(1) 江碧鳥逾白 山靑花欲然

(2) 只在此山中 雲深不知處

(3) 日照香爐生紫烟 遙看瀑布掛前川

(4) 月落烏啼霜滿天 江楓漁火對愁眠

(5) 故鄉今夜思千里 霜鬢明朝又一年

1. 都彌

— 金富軾

百濟人都彌妻失其姓系 都彌雖編戶小民 而頗知義理 其妻美麗 亦有節行 爲時人所稱 蓋婁王聞之 召都彌與語曰 凡婦人之德 雖以貞潔爲先 若在幽昏無人之處 誘之以巧言 則能不動心者鮮矣乎 對曰 人之情固不可測也 而若臣之妻者 雖死無貳者也 王欲試之 留都彌以事 使一近臣 假王衣服馬從 夜抵其家 使人先報王來 謂其婦曰 我久聞爾好 與都彌博得之 來日入爾爲宮人 自此後爾身吾所有也 遂將亂之 婦曰 國王無妄語 吾敢不順 請大王先入室 吾更衣乃進 退而粧飾一婢子薦之 王後知見欺 大怒 誣都彌以罪 矐其兩眸子 使人牽出之 置小船泛之河上 遂引其婦 强欲淫之 婦曰 今良人已失 單獨一身 不能自持 況爲王御 豈敢相違 今以月經 渾身汗穢 請俟他日薰浴而後來 王信而許之 婦便逃至江口 不能渡 呼天痛哭 忽見孤舟隨波而至 乘至泉城島 遇其夫未死 掘草根而喫 遂與同舟 至高句麗蒜山之下 高句麗人哀之 丐以衣食 遂苟活 終於羈旅

— 『三國史記』「列傳」第8

濟 건널 제	都 도읍 도	彌 두루 미	姓 성 성	系 이을 계
雖 비록 수	編 엮을 편	頗 자못 파	義 옳을 의	麗 아름다울 려
節 마디 절	稱 일컬을 칭	蓋 덮을 개	婁 별이름 루	婦 며느리 부
德 덕 덕	貞 곧을 정	潔 깨끗할 결	幽 그윽할 유	昏 어두울 혼
誘 꾈 유	巧 공교할 교	鮮 드물 선	測 헤아릴 측	貳 두 이
試 시험할 시	假 거짓 가	抵 다달을 저	報 알릴 보	爾 너 이
博 넓을 박	遂 마침내 수	妄 허망할 망	敢 감히 감	順 따를 순
請 청할 청	更 고칠 경	退 물러날 퇴	粧 화장할 장	飾 꾸밀 식
婢 여자종 비	薦 천거할 천	欺 속일 기	怒 성낼 로	誣 무고할 무
矆 눈뻘 획	眸 눈동자 모	牽 이끌 견	泛 뜰 범	淫 음란할 음
單 홑 단	持 가질 지	況 하물며 황	御 어거할 어	豈 어찌 기
違 어긋날 위	經 날 경	渾 흐릴 혼	汗 땀 한	穢 더러울 예
俟 기다릴 사	薰 향 풀 훈	浴 목욕 욕	許 허락할 허	便 곧 변
逃 달아날 도	渡 건널 도	呼 부를 호	痛 아플 통	哭 울 고
忽 갑자기 홀	孤 외로울 고	隨 따를 수	波 물결 파	乘 탈 승
遇 만날 우	掘 팔 굴	喫 마실 끽	蒜 마늘 산	丐 빌 개
苟 구차할 구	活 살 활	終 마칠 종	羈 굴레 기	旅 군사 여
軾 수레 앞턱 가로나무 식				

- 百濟人都彌妻失其姓系 : 백제인 도미 처의 성계는 모른다.
  〈姓系 : 성씨와 가계.

- 雖編戶小民 而頗知義理 : 비록 오두막집의 소민이나 자못 의리를 알았다.
  〈雖 : 비록 ~이지만. 編戶 : 오두막집. 而 : 逆接의 語助辭.

- 其妻美麗 亦有節行 爲時人所稱 : 그 처가 아름답고 또한 절행이 있어 당시 사람들의 일컫는 바가 되었다.
  〈亦有 : 또한 ~이 있다. 爲~所 : ~하는 바가 되다.

- 蓋婁王聞之 召都彌與語曰 : 개루왕이 그것을 듣고 도미를 불러 더불어 말하기를,
  〈蓋婁王 때라면 고구려 사이에 樂浪郡이 있을 때이므로 정황이 맞지 않으므로 蓋齒王(一名 近蓋婁王) 때를 배경으로 한 이야기로 봐야 한다.

122

• 凡婦人之德 雖以貞潔爲先 : "무릇 부인의 덕은 비록 정결을 앞세우나,
  〈雖以~爲先 : 비록 ~으로써 앞을 삼지만.

• 若在幽昏無人之處 誘之以巧言 : 만약 사람이 없는 깊숙한 곳에서 그럴 듯한 말로 유혹하면
  〈若 : 假定. 幽昏 : 그윽하고 어두운. 巧言 : 공교롭게 꾸민 말.

• 則能不動心者鮮矣乎 : 마음이 움직이지 않을 자가 드물다."라 하였다.
  〈鮮 : 여기서는 드물다. 乎 : 語助辭.

• 對曰 人之情固不可測也 : 대답하여 말하기를, "사람의 정은 확실히 헤아릴 수가 없습니다.
  〈對曰 : 왕에게 말하는 것이므로 '對' 字를 쓴다.

• 而若臣之妻者 雖死無貳者也 : 그러나 신의 처자 같은 자는 비록 죽어도 변함이 없을 것입니다."라 했다.
  〈而 : 逆接의 語助辭. 若 : 같다. 無貳 : 두 마음(딴 마음)이 없다.

• 王欲試之 留都彌以事 : 왕이 시험코자 하여 일로써 도미를 궁에 머물게 하였다.

• 使 近臣 假王衣服馬從 夜抵其家 . 한 신하도 하여금 왕의 의복과 거마로 가장하고 밤에 그 집에 이르게 하고,
  〈使 : 使役形, ~하게 하다. 假 : 거짓으로 꾸밈. 馬從 : 말과 시종.

• 使人先報王來 謂其婦曰 我久聞爾好 : 사람을 시켜 먼저 왕의 행차를 알리고 그 부인에게 이르기를, "나는 오래 전에 네 아름다움을 들었다.

• 與都彌博得之 來日入爾爲宮人 : 도미와 더불어 내기를 해서 너를 얻었으니 내일 너를 맞아들여 궁인을 삼겠다.
  〈與 : 더불어. 博 : 장기 등으로 내기를 함. 爲 : 삼다.

• 自此後爾身吾所有也 遂將亂之 : 이후로는 네 몸은 나의 소유다."라 하고, 마침내 난행하려 하자,
  〈自 : ~으로부터.

• 婦曰 國王無妄語 吾敢不順 請大王先入室 吾更衣乃進 : 부인이 말하기를, "국왕은 허망한 말이 없는 법이니 내 감히 순종하지 않겠습니까? 청컨대 대왕께서 먼저 방에 들어가시면 옷을 고쳐 입고 비로 나이기겠습니다."라 하고,
  〈吾敢不 : 反語形, 내 감히 아니하겠습니까?

• 退而粧飾一婢子薦之 : 물러가 한 계집종의 몸을 꾸며 들여보냈나.
  〈婢子 : 여자 종.

• 王後知見欺 大怒 : 왕은 뒤에 속은 것을 알고 그게 노하여,
  〈見 : 被動形, 당하다.

• 誣都彌以罪 矐其兩眸子 使人牽出之 置小船泛之河上 : 노미에게 쇠를 씌워 그 눈을

빼고 사람을 시켜 끌어내어 작은 배에 싣고 강에 띄웠다.
　〈誣 : 없는 죄를 씌움. 矐 : 눈을 멀게 함.

- 遂引其婦 强欲淫之 : 마침내 그 부인을 데려다 억지로 음행하려고 하였다.
　〈遂 : 마침내. 强 : 억지로.

- 婦曰 今良人已失 單獨一身 不能自持 : 부인이 말하기를, "이제 남편이 이미 없고 혼자 몸으로는 스스로 지탱할 수도 없는데
　〈良人 : 남편을 이름.

- 況爲王御 豈敢相違 : 하물며 왕을 모시게 되었으니 어찌 감히 명을 어기겠습니까?
　〈爲 : 被動形 ~되다. 御 : 모시다. 豈敢 : 反語形, 어찌 감히 ~하겠습니까? 違 : 어기다.

- 今以月經 渾身汗穢 請俟他日薰浴而後來 : 지금은 월경을 하여 몸이 땀과 더러움으로 단정하지 못하니 청컨대 다른 날을 기다리시면 향물로 목욕한 뒤에 오겠습니다."라 했다.
　〈汗穢 : 땀과 더러움. 薰浴 : 향물로 목욕을 함.

- 王信而許之 婦便逃至江口 不能渡 呼天痛哭 : 왕이 믿고서 허락하자, 부인은 바로 도망하여 강 어구에 이르렀으나 건널 수가 없어 하늘에 부르짖으며 통곡하였다.
　〈而 : 順接의 語助辭. 便 : 바로, 그 길로.

- 忽見孤舟隨波而至 乘至泉城島 : 갑자기 작은 배가 나타나 물결 따라 이르르니 타고서 천성도에 이르렀다.

- 遇其夫未死 掘草根而喫 : 그 남편이 죽지 않아 만나서 풀뿌리를 파서 먹고 살았다.
　〈而 : 順接의 語助辭.

- 遂與同舟 至高句麗蒜山之下 : 마침내 함께 배를 타고 고구려 산산의 아래에 이르니
　〈蒜山 : 地名.

- 高句麗人哀之 丐以衣食 : 고구려인들이 그들을 불쌍히 여기고 옷과 밥을 주었으나
　〈丐 : 빌어다 줌.

- 遂苟活 終於羈旅 : 마침내 구차스럽게 살다가 끝내 나그네로 몸을 마쳤다.
　〈苟活 : 구차스럽게 살다. 羈旅 : 여기저기 떠돌아다니며 삶.

◎

金富軾(1075~1151) : 高麗朝 文臣, 學者, 號는 雷川. 1145년에 『三國史記』 50권 편찬을 마침.
都彌 : 高麗 때 金富軾이 편찬한 『三國史記』卷 第48「列傳」第8에 수록되어 있는 人物.

1 다음을 소리 내어 읽고 써보자.

百濟(   )   都彌(   )   姓系(   )   編戶(   )
頗知(   )   義理(   )   美麗(   )   節行(   )
所稱(   )   蓋婁王(   )   貞潔(   )   幽昏(   )
誘之(   )   巧言(   )   不動心(   )   無貳(   )
近臣(   )   假王(   )   馬從(   )   妄語(   )
更衣(   )   粧飾(   )   婢子(   )   薦之(   )
大怒(   )   眸子(   )   單獨(   )   王御(   )
相違(   )   渾身(   )   汗穢(   )   薰浴(   )
便逃(   )   呼天(   )   痛哭(   )   忽見(   )
隨波(   )   蒜山(   )   羈旅(   )   高句麗(   )

2 다음을 飜譯해 보자.

(1) 其妻美麗 亦有節行 爲時人所稱

(2) 若在幽昏無人之處 誘之以巧言

(3) 而若臣之妻者 雖死無貳者也

(4) 與都彌博得之 來日入爾爲宮人

(5) 誣都彌以罪 矐其兩眸子 使人牽出之

(6) 今以月經 渾身汗穢 請俟他日薰浴而後來

2. 佛氏禍福之辨

—— 鄭道傳

天道　福善而禍淫　人道　賞善而罰惡　蓋由人操心有邪正　行己有是
非　而禍福各以其類應之　詩曰　求福不回　夫子曰　獲罪於天　無所禱也
蓋君子之於禍福　正吾心而已　修吾己而已　福不必求而自至　禍不必避
而自遠　故曰　君子有終身之憂　無一朝之患　禍苟有自外而至者　順而
受之而已　如寒暑之過於前　而吾無所與也　彼佛氏則不論人之邪正是
非　乃曰　歸吾佛者　禍可免而福可得　是雖犯十惡大憝者　歸佛則免之
雖有道之士　不歸佛則不免也　假使其說不虛　皆出於私心　而非公道也
在所懲之也　況者佛說興　至今數千餘年　其間事佛甚篤　如梁武唐憲者
皆不得免焉　韓退之所謂事佛漸謹　年代尤促者　此其說　不亦深切著明
矣乎

——『三峯集』卷之五「佛氏雜辨」

佛 부처 불	辨 분별할 변	蓋 덮을 개	操 잡을 조	邪 간사할 사
己 몸 기	類 무리 류	應 응할 응	回 돌 회	獲 얻을 획
禱 빌 도	已 이미 이	修 닦을 수	求 구할 구	避 피할 피
遠 멀 원	憂 근심 우	患 근심 환	寒 찰 한	暑 더울 서
與 참여할 여	彼 저 피	氏 성 씨	乃 이에 내	歸 돌아갈 귀
免 면할 면	雖 비록 수	犯 범할 범	懟 원망할 대	虛 빌 허
懲 혼날 징	興 일어날 흥	梁 들보 양	武 굳셀 무	唐 당 나라 당
憲 법 헌	韓 나라 이름 한	退 물러날 퇴	漸 점점 점	謹 삼갈 근
尤 더욱 우	促 재촉할 촉	深 깊을 심	切 끊을 절	著 분명할 저

- 佛氏禍福之辨 : 불씨화복의 변
  〈佛氏 : 부처를 말함. 辨 : 변별함.

- 天道 福善而禍淫 人道 賞善而罰惡 : 천도는 선에 복을 주고 간사함에 화를 주며, 인도는 선에 상을 주고 악을 징벌하나니
  〈天道 : 하늘의 도. 人道 : 사람의 도. 淫 : 간사함.

- 蓋由人操心有邪正 行己有是非 : 대개 사람의 마음가짐에는 간사함과 바름이 있고, 행동함에는 옳고 그름이 있어서
  〈由 : 말미암다. 操心 : 마음 조정. 行己 : 자기를 움직임.

- 而禍福各以其類應之 : 그래서 화와 복이 그 유에 따라서 응하는 것이다.
  〈而 : 順接, 그래서. 類 : 무리.

- 詩曰 求福不回 : 시경에 이르기를, "복을 구하되 간사하게 하지 않는다."라 했고,
  〈"豈弟君子 求福不回 : 개제한 군자여 복을 구함이 간사스럽지 아니하도다." 『詩經』 卷16, 「大雅」〈旱麓〉에 있음, 旱은 山名이고 麓은 山足 즉 산기슭, 豈弟는 樂易 즉 道 있음을 의미하는 것으로 周 文王을 가리킴.

- 夫子曰 獲罪於天 無所禱也 : 공자께서 말씀하시기를, "하늘에 죄를 얻으면 빌 곳도 없다."라 하였다.
  〈『論語』第三篇「八佾」에 "王孫賈問曰 與其媚於奧 寧媚於竈 何謂也 子曰 不然 獲罪於天 無所禱也 : 왕손가가 물이 말히기를, "奧神(아랫목 신)에게 질 모이는 것보다 차라리 竈王神(부엌 신)에게 잘 모이는 것이 낫다는 말이 있이 있는데 무엇을 이름입니까?" 하니 공자께서 말씀하시기를, "하늘에 죄를 얻으면 빌 곳도 없다."라고 하셨나.

- 蓋君子之於禍福 正吾心而已 修吾己而已 : 대개 군자가 화복에 있어서 자신의 마음을 바로 할 따름이며 자신의 몸을 닦을 따름이지만,
  〈之 : 後置詞 ~의. 而已 : 終止形 語助辭. ~일 따름이다.

- 福不必求而自至 禍不必避而自遠 : 복은 반드시 구하지 않아도 저절로 이르고, 화는 반드시 피하지 않아도 저절로 멀어진다.
  〈不必 : 部分否定 반드시 ~은 아니다.

- 故曰 君子有終身之憂 無一朝之患 : 그러므로 이르기를, "군자는 종신토록 할 근심은 있지만 하루아침의 근심은 없다."라고 한다.

- 禍苟有自外而至者 順而受之而已 : 화가 진실로 밖에서 이르러 오는 것이라면 순순히 그것을 받을 따름이니
  〈之 : 後置詞. 지시적 의미 禍를 가리킴.

- 如寒暑之過於前 而吾無所與也 : 마치 추위와 더위가 앞에 지나가는 것처럼 내가 관여할 바가 없다.
  〈之 : 後置詞 ~의. 於 : 전치사 ~에. 與 : 關與.

- 彼佛氏則不論人之邪正是非 : 저 佛氏(佛家)는 곧 사람의 사특과 바름, 옳고 그름은 논하지 않고,

- 乃曰 歸吾佛者 禍可免而福可得 : 이에 말하기를, "우리 부처에게 돌아오는 자는 화를 면할 수 있고 복을 구할 수 있다."라 한다.
  〈乃 : 이에.

- 是雖犯十惡大憝者 歸佛則免之 : 이는 비록 열 가지 큰 죄악을 범했더라도 부처에게 돌아오면 (화를) 면하게 되고,
  〈大憝 : 큰 죄인.

- 雖有道之士 不歸佛則不免也 : 비록 도가 있는 선비라도 부처에게 돌아오지 않으면 (화를) 면하지 못한다는 것이다.

- 假使其說不虛 皆出於私心 而非公道也 在所懲之也 : 가령 그 말이 헛된 것이 아니라 할지라도 모두 사심에서 나온 것이오, 공도가 아니니 경계해야 할 바가 있다.
  〈私心 : 사사로운 마음. 公道 : 보편적인 도리.

- 況者佛說興 至今數千餘年 其間事佛甚篤 如梁武唐憲者 皆不得免焉 : 하물며 불가의 설이 일어나 지금 수천여 년에 이르고 그 사이 부처를 섬기기를 심히 독실하게 한 양 나라 무제나 당 나라 헌제 같은 사람도 모두 면함을 얻지 못했으니,

- 韓退之所謂事佛漸謹 年代尤促者 此其說 不亦深切著明矣乎 : 한퇴지가 이른 바 "부처 섬기기를 점점 근실하게 할수록 연대는 더욱 촉급하게 되었다."라고 한 이 말이 또한 깊고 간절하며 분명하고 뚜렷하지 않은가?
  〈韓退之 : 韓愈의 字. 唐宋八大家 中 一人.

◎
鄭道傳(生年 未詳) : 朝鮮 建國의 功臣 三峰 그의 文集으로 『三峯集』
이 전한다.

「佛氏雜辨」 : 朝鮮 初 性理學者인 鄭道傳이 그가 죽기 직전인 太祖
7(1398)년에 불교를 배척하기 위해서 저술한 것으로 불교의 교리를
輪廻·因果·心性·地獄 등 10여 조목으로 나누어 비판하고, 불교의
사회적 폐단을 폭로하였다.

1 다음을 소리 내어 읽고 써보자.

佛氏(	)	禍淫(	)	罰惡(	)	操心(	)
邪正(	)	獲罪(	)	終身(	)	寒暑(	)
所與(	)	不論(	)	十惡(	)	大憝(	)
假使(	)	懲之(	)	佛說(	)	甚篤(	)
梁武(	)	唐憲(	)	所謂(	)	韓退之(	)
漸謹(	)	尤促(	)	深切(	)	著明(	)
雜辨(	)						

2 다음을 飜譯해 보자.

(1) 天道 福善而禍淫 人道 賞善而罰惡

(2) 蓋由人操心有邪正 行己有是非

(3) 故曰 君子有終身之憂 無一朝之患

(4) 禍苟有自外而至者 順而受之而已

(5) 假使其說不虛 皆出於私心 而非公道也 在所懲之也

1. 漁父辭

—屈原

屈原旣放 游於江潭 行吟澤畔 顔色憔悴 形容枯槁 漁父見而問之
曰 子非三閭大夫與 何故至於斯 屈原曰 擧世皆濁 我獨淸 衆人皆醉
我獨醒 是以見放 漁父曰 聖人不凝滯於物 而能與世推移 世人皆濁
何不淈其泥而揚其波 衆人皆醉 何不餔其糟而歠其醨 何故深思高擧
自令放爲 屈原曰 吾聞之 新沐者必彈冠 新浴者必振衣 安能以身之
察察 受物之汶汶者乎 寧赴湘流 葬於江魚之腹中 安能以皓皓之白
而蒙世俗之塵埃乎 漁父莞爾而笑 鼓枻而去 乃歌曰 滄浪之水淸兮
可以濯吾纓 滄浪之水濁兮 可以濯吾足 遂去不復與言

—『古文眞寶』後集 卷之一

■ 漢字 풀이

漁 고기 잡을 어	辭 말씀 사	屈 굽을 굴	原 근원 원	旣 이미 기
游 놀 유	潭 깊을 담	吟 읊을 음	澤 못 택	畔 두둑 반
顔 얼굴 안	憔 수척할 초	悴 파리할 췌	枯 마를 고	槁 마를 고
閭 마을 문 려	斯 이 사	擧 들 거	濁 흐릴 탁	獨 홀로 독

<table>
<tr><td>淸 맑을 청</td><td>衆 무리 중</td><td>醉 취할 취</td><td>醒 깰 성</td><td>聖 성인 성</td></tr>
<tr><td>凝 엉길 응</td><td>滯 막힐 체</td><td>推 밀 추</td><td>移 옮길 이</td><td>淈 흐릴 굴</td></tr>
<tr><td>泥 진흙 니</td><td>揚 들날릴 양</td><td>波 물결 파</td><td>餔 먹을 포</td><td>糟 술지게미 조</td></tr>
<tr><td>歠 마실 철</td><td>醨 모주 리</td><td>令 하여금 령</td><td>沐 머리감을 목</td><td>彈 털 탄</td></tr>
<tr><td>冠 갓 관</td><td>浴 목욕할 욕</td><td>振 떨칠 진</td><td>察 깨끗할 찰</td><td>汶 더러울 문</td></tr>
<tr><td>寧 차라리 녕</td><td>赴 갈 부</td><td>湘 강 이름 상</td><td>葬 장사지낼 장</td><td>腹 배 복</td></tr>
<tr><td>安 어찌 안</td><td>皓 흴 호</td><td>蒙 무릅쓸 몽</td><td>塵 티끌 진</td><td>埃 티끌 애</td></tr>
<tr><td>莞 웃을 완</td><td>爾 어조사 이</td><td>笑 웃을 소</td><td>鼓 북 고</td><td>枻 노 예</td></tr>
<tr><td>滄 찰 창</td><td>浪 물결 랑</td><td>兮 어조사 혜</td><td>濯 씻을 탁</td><td>纓 갓끈 영</td></tr>
<tr><td>復 다시 부</td><td></td><td></td><td></td><td></td></tr>
</table>

□ 句文 註釋

- 屈原旣放 游於江潭 : 굴원이 이미 쫓겨나 강담에서 놀았는데

  〈江潭 : 湘江의 못을 가리킴.

- 行吟澤畔 顔色憔悴 形容枯槁 : 못 둔덕에 다니면서 읊조리는데 안색이 초췌하고 얼굴빛이 마르고 말랐다.

  〈行吟 : 다니면서 읊조림.

- 漁父見而問之曰 子非三閭大夫與 何故至於斯 : 어부가 보고 묻기를, "그대는 삼려대부가 아닌가? 어찌하여 여기에 이르렀는가?" 하니,

  〈漁父 : 서술자가 자신을 객관화하기 위해서 가상으로 설정된 인물. 子 : 二人稱 代名詞 그대는. 非~與 : 疑問形 ~이 아닌가? 三閭大夫 : 중국 楚 나라 왕족인 昭氏, 屈氏, 景氏 三家를 관리하는 長官으로 굴원이 이 벼슬을 했음. 何故 : 무슨 까닭으로.

- 屈原曰 擧世皆濁 我獨淸 衆人皆醉 我獨醒 是以見放 : 굴원이 말하기를, "온 세상이 다 혼탁한데 나만 홀로 맑고, 뭇사람이 다 취했는데 나만 홀로 깨어 있으니 이로써 쫓겨났다."고 했다.

  〈是以 : 이로써. 見放 : 被動形 쫓기다.

- 漁父曰 聖人不凝滯於物 而能與世推移 : 어부가 말하기를, "성인은 물에 엉겨 막히지 않고 능히 세상과 더불어 옮겨 다닌다 했는데

  〈凝滯 : 융통성이 없음. 반대는 推移.

- 世人皆濁 何不淈其泥而揚其波 : 세상이 다 혼탁하거든 어찌 진흙을 파서 흐리고 그 물결을 일으키지 아니하고,

  〈何不 : 어찌 ~ 아니하고.

- 衆人皆醉 何不餔其糟而歠其醨 : 뭇사람이 다 취했거든 어찌 그 술지게미를 배불리 먹고 그 밑술을 마시지 아니하며,

- 何故深思高擧 自令放爲 : 무슨 까닭으로 생각을 깊이 하고 고상하게 행동하여 스스로 쫓겨났는가?"라 하니,
  〈高擧 : 고상한 행동거지. 令 : 使役形 ~으로 하여금 ~하게 하다.

- 屈原曰 新沐者必彈冠 新浴者必振衣 : 굴원이 말하기를, "새로 머리 감은 자는 반드시 관을 털어서 쓰고, 새로 몸을 씻은 자는 반드시 옷을 털어서 입는다.
  〈外物로 인해서 자신의 몸이 더러워지는 것을 싫어해서 그렇게 함.

- 安能以身之察察 受物之汶汶者乎 : 어찌 자신의 깨끗하고 깨끗함으로 외물의 더럽고 더러움을 받을 수 있겠는가?
  〈安能~乎 : 反語形, 어찌 ~할 수 있겠는가?

- 寧赴湘流 葬於江魚之腹中 : 차라리 상강의 흐르는 물에 가서 강 물고기 뱃속에 장사를 지낼지언정
  〈寧 : 차라리 ~할지언정.

- 安能以皓皓之白 而蒙世俗之塵埃乎 : 어찌 희고 흰 것으로 세상의 티끌과 먼지를 무릅쓴단 말인가?"라 했다.
  〈塵埃 : 티끌과 먼지.

- 漁父莞爾而笑 鼓枻而去 : 어부가 빙그레 웃으면서 뱃전을 두들기며 가다.
  〈莞爾 : 빙그레 웃는 모양.

- 滄浪之水清兮 可以濯吾纓 滄浪之水濁兮 可以濯吾足 : 창랑의 물이 맑음이여 내 갓끈을 씻을 것이고, 창랑의 물이 흐림이여 내 발을 씻을 것이다.
  〈可以 : ~으로 ~할 수 있다.

- 遂去不復與言 : 마침내 가더니 다시는 더불어 이야기하지 않았다.

屈原 : 戰國時代 楚 나라의 大夫이며 문인. 懷王의 信任이 두터웠으나 讒訴를 입어 湘江에 流配되었고, 〈離騷〉를 지어 忠諫하였으나 용납되지 아니하여 汨羅水에 빠져 주기 전 이 〈漁父辭〉를 지었다고 전함.

『古文眞寶』 : 宋 나라의 학자인 黃堅(황견)이 편찬했나고 선하는 책. 周代부터 末代에 이르는 古詩 · 古文의 명문만을 뽑아 前後集으로 엮은 詩文選集.

1 다음을 소리 내어 읽고 써보자.

屈原( )	江潭( )	行吟( )	澤畔( )
顔色( )	憔悴( )	形容( )	枯槁( )
漁父( )	三閭( )	擧世( )	皆濁( )
獨淸( )	衆人( )	皆醉( )	獨醒( )
見放( )	凝滯( )	推移( )	深思( )
高擧( )	彈冠( )	振衣( )	察察( )
汶汶( )	皓皓( )	塵埃( )	莞爾( )
鼓枻( )	滄浪( )	濯纓( )	濁兮( )
濯足( )	遂去( )	不復( )	

2 다음을 飜譯해 보자.

(1) 擧世皆濁 我獨淸 衆人皆醉 我獨醒 是以見放

(2) 世人皆濁 何不淈其泥而揚其波

(3) 新沐者必彈冠 新浴者必振衣

(4) 安能以身之察察 受物之汶汶者乎

(5) 寧赴湘流 葬於江魚之腹中

(6) 安能以皓皓之白 而蒙世俗之塵埃乎

(7) 滄浪之水淸兮 可以濯吾纓 滄浪之水濁兮 可以濯吾足

134

2. 縱囚論

── 歐陽永叔

信義行於君子 而刑戮施於小人 刑入于死者 乃罪大惡極 此又小人
之尤甚者也 寧以義死 不苟幸生 而視死如歸 此又君子之尤難者也
方唐太宗之六年 錄大辟囚三百餘人 縱使還家 約其自歸以就死 是以
君子之難能 期小人之尤者而必能也 其囚及期而卒自歸 無後者 是君
子之所難 而小人之所易也 此豈近於人情 或曰罪大惡極 誠小人矣
及施恩德以臨之 假使變而爲君者 盖恩德 入人之深而移人之速 有如
是者矣 曰 太宗之爲此 所以求此名也 然安知夫縱之去也 不意其必
來以冀免 所以縱之乎 又安之夫被縱而去也 不意其自歸而必獲免 所
以復來乎 夫意其必來而縱之 是上賊下之情也 意其必免而復來 是下
賊上之心也 吾見上下交相賊 以成此名也 烏有所謂施惠德 與夫知信
義者戰 不然 太宗施德於天下 於茲六年矣 不能使小人 不爲極惡大
罪 而一日之恩 能使視死如歸而存信義 此又不通之論也 然則何爲而
可 曰 縱而來歸 殺之無赦 而又縱之而又來 則可知爲恩德之致爾 然
此必無之事也 若夫縱而來歸而赦之 可偶一爲之爾 若屢爲之 則殺人

者 皆不死 是可爲天下之常法乎 不可爲常之者 其聖人之法乎 是以

堯舜三王之治 必本於人情 不立異以爲高 不逆情以干譽

―『古文眞寶』後集 卷之七

■ 漢字 풀이

縱 놓을 종	囚 가둘 수	謳 노래할 구	陽 볕 양	永 길 영
叔 아재비 숙	戮 죽일 육	刑 형벌 형	于 어조사 우	極 다할 극
又 또 우	尤 더욱 우	甚 심할 심	寧 차라리 녕	苟 구차할 구
幸 다행 행	歸 돌아갈 귀	難 어려울 난	錄 기록할 록	辟 형벌 벽
還 돌아올 환	期 기약할 기	及 미칠 급	卒 마침내 졸	易 쉬울 이
或 혹 혹	誠 진실 성	矣 어조사 의	臨 임할 림	假 거짓 가
變 변할 변	移 옮길 이	速 빠를 속	名 이름 명	安 어찌 안
冀 바랄 기	獲 얻을 획	賊 도적 적	烏 어찌 오	赦 용서할 사
爾 어조사 이	偶 우연 우	屢 자주 루	殺 죽일 살	常 항상 상
堯 요임금 요	舜 순임금 순	逆 거스를 역	干 구할 간	譽 기릴 예
寶 보배 보				

■ 句文 註釋

- 信義行於君子 而刑戮施於小人 : 신의는 군자에게 행하는 것이고, 형육은 소인에게 베푸는 것이다.
  〈君子 : 도를 닦고 덕을 세운 자 또는 지위를 가진 자. 刑戮 : 형벌과 사형. 小人 : 도 닦는 것과는 무관한 존재 또는 일반 백성을 지칭.

- 刑入于死者 乃罪大惡極 此又小人之尤甚者也 : 형벌이 사형에 해당하는 자는 바로 죄가 크고 악이 극에 달해 이 또한 소인 중에서도 더욱 심한 자이다.

- 寧以義死 不苟幸生 而視死如歸 此又君子之尤難者也 : 차라리 의로서 죽을지언정 요행한 삶에 구애되지 않고 죽음 보기를 돌아가는 것처럼 하는 것은 이 또한 군자가 더욱 어렵게 여기는 것이다.
  〈幸生 : 요행히 살게 됨. 歸 : (죽음 보기를) 자기 집에 돌아가는 것으로 여김.

- 方唐太宗之六年 錄大辟囚三百餘人 : 바야흐로 당 태종 6(632)년 기록된 대벽수 3백여 인을

  〈唐太宗 : 李世民(599~649)은 唐 高祖 李淵의 次男으로 제2대 황제를 지냄. 그의 이름 '世民'은 濟世安民을 의미함. 大辟囚 : 큰 형벌을 받은 죄수 곧 사형수를 말함.

- 縱使還家 約其自歸以就死 : 집으로 돌아가도록 놓아주고 그들이 스스로 돌아와 사형을 받도록 약속했다.

- 是以君子之難能 期小人之尤者而必能也 : 이것은 군자도 하기 어려운 것으로 소인 중에도 더욱 심한 자로 반드시 할 것을 약속했다.

  〈尤者 : 더욱 심한 자. 사형수들이므로 소인 중에서 가장 질이 나쁜 자를 가리킴.

- 其囚及期而卒自歸 無後者 : 그 죄수들이 기약하고 마침내 스스로 돌아와 뒤늦은 자가 없으니

  〈後者 : 뒤늦게 돌아온 자.

- 是君子之所難 而小人之所易也 此豈近於人情 : 이는 군자가 어렵게 여기는 바로 소인이 쉽게 한 것이니 이 어찌 인정에 가깝다고 하겠는가?

  〈君子之所難 : 被動形, 군자가 어렵게 여긴 것. 小人之所易 : 被動形, 소인이 쉽게 여긴 것. 人情 : 일반사람의 정서.

- 或曰 罪大惡極 誠小人矣 及施恩德以臨之 假使變而爲君者 : 혹자가 말하길, "죄가 크고 악이 극에 달한 자는 진실로 소인이지만, 은덕이 베풀어져서 다가가게 되면 가령 변해서 군자가 되게 할 수 있다."라고 하였다.

  〈恩德 : 황제가 베푼 것. 假使 : 使役形, 가령 ~하게 하다.

- 蓋恩德 入人之深而移人之速 有如是者矣 : 대개 은덕은 사람에게 깊이 들어가 사람을 바꾸어 놓기를 빠르게 하여 이와 같은 일도 있을 것이다.

- 曰 太宗之爲此 所以求此名也 : 말하길, "태종이 이것을 한 것이 그것으로 이런 명성을 구하게 된 까닭이다."라고 하였다.

  〈此 : 사형수를 풀어준 것. 此名 : 태종이 자신의 은덕으로 사형수 마음을 바꾸었다는 명성.

- 然安知夫縱之去也 不意其必來以冀免 所以縱之乎 : 그러나 대범 풀어주어 가게 한 것이 그들이 반드시 돌아와서 사면을 바라지 아니할 것이라 생각하지 않고 풀어주었다는 것을 어찌 알겠는가?

  〈反語形 句文. 이 글의 논자는 그들을 풀어줄 때 그들이 돌아오면 사면해 주리라 생각하고 풀어주었다는 것을 말하고 있음.

- 又安知夫被縱而去也 不意其自歸而必獲免 所以復來乎 : 또 풀려난 것이 스스로 돌아와 반드시 사면을 얻을 것이라 생각하지 아니하고 다시 돌아왔다는 것을 어찌 알겠는가?

  〈이 문장 역시 反語形으로 논자는 죄수들이 돌아오면 임금이 사면해 줄 것이라고 기대하고 돌아왔다는 것을 말하고 있다.

- 大意其必來而縱之 是上賊下之情也 : 대범 그들이 반드시 돌아올 것이라고 여기고

놓아준 것은 윗사람이 아랫사람의 마음을 훔친 것이다.
<夫 : 發語詞.

- 意其必免而復來 是下賊上之心也 : 반드시 사면해 줄 것을 생각하고 다시 돌아온 이
것은 아랫사람이 윗사람의 마음을 훔친 것이다.

- 吾見上下交相賊 以成此名也 : 내가 보기에 상하가 서로 마음을 훔쳐서 그것으로 이
명성을 이룬 것이다.

- 烏有所謂施惠德 與夫知信義者哉 : 어찌 이른바 은혜와 덕을 베풂이 있고, 저들이
신의를 아는 자라 하겠는가?
<烏~哉 : 反語形, 어찌 하겠는가? 논자는 임금이 은혜와 덕을 베푼 것도 아니고 죄수들이 신의를 아는 자
도 아니라고 말한 것이다.

- 不然 太宗施德於天下 於玆六年矣 : 그렇지 않다면 태종이 천하에 덕을 베풀어 지금
까지 6년이 되었는데
<天下 : 천하 백성. 於玆 : 지금까지.

- 不能使小人 不爲極惡大罪 : 소인들로 하여금 극악대죄를 짓지 않도록 하지 아니
하고,

- 而一日之恩 能使視死如歸而存信義 : 하루의 은혜로 죽음 보기를 집에 돌아가는 것
처럼 하여 신의를 있게 할 수 있다는 것인가?
<使役形과 反語形이 혼합된 句文.

- 此又不通之論也 然則何爲而可 : 이는 또한 통하지 않는 논리이다. 그렇다면 어찌하
면 할 수 있는가?
<不通之論 : 일반적으로 통용되는 논리가 아니다.

- 曰 縱而來歸 殺之無赦 : 말하길, "풀어놓아주고 돌아오면 죽여 사면해 주지 말고,
<縱而來歸 : 條件形, ~하면.

- 而又縱之而又來 則可知爲恩德之致爾 : 그리고 또 놓아주어서 또 돌아오면 곧 은덕
의 소치가 됨을 알 수 있을 것이다.
<爲 : 被動形, ~되다.

- 然此必無之事也 若夫縱而來歸而赦之 可偶一爲之爾 : 그러나 이것은 반드시 있을
수 있는 일이 아니니 만약 놓아주어서 돌아와 사면하는 것은 우연히 한 번 할 일일
따름이다.
<必無 : 全部否定, 반드시 ~이 아니다.

- 若屢爲之 則殺人者 皆不死 是可爲天下之常法乎 : 만약 자주 그것을 하면 살인자가
모두 죽지 않을 것이니 이것은 천하의 떳떳한 법이라 할 수 있겠는가?
<反語形 句文.

- 不可爲常之者 其聖人之法乎 : 떳떳한 법이라고 할 수 없는 것이 성인의 법이겠는가?
<反語形 句文.

138

• 是以 堯舜三王之治 必本於人情 : 이러므로 요순 삼왕의 다스림은 반드시 인정에 근본을 둔 것이지,

  〈三王 : 三代의 聖王 즉 夏의 禹王, 殷의 湯王, 周의 文王 또는 武王.

• 不立異以爲高 不逆情以干譽 : 이상한 것을 세워서 고상함을 삼지 않고 인정을 거슬려서 명예를 구하지 않는다.”고 한 것이다.

◎

歐陽永叔(1007~1072) : 宋 나라 仁宗~神宗 때의 文臣. 本名은 歐陽脩, 號는 醉翁 또는 六一居士, 諡號는 文忠公. 廬陵(여릉) 永豊人(영풍인), 韓愈로부터 큰 영향을 받아 고문(古文) 부흥에 힘씀. 樞密副使(추밀부사)·參知政事(참지정사) 등을 지냈다. 質朴한 先秦(선진)·兩漢(양한)의 古文을 지향한 唐宋八大家 중의 한 사람.

〈縱囚論〉 : 唐太宗 貞觀 7(633)년에 황제 당 태종이 사형에 처할 자들을 보고 민망히 여겨 그들에게 칙령을 내려 모두 놓아 보내고 기한이 되어서 서울로 돌아오게 하라 했다. 이듬 해 9월에 이르러 지난해 놓아 준 바 천하의 사형수 무릇 390인이 사람의 감독이나 통솔 없이 모두 약속이나 한 것처럼 스스로 조정으로 돌아와서 한 사람도 도망하고 숨은 자가 없었다. 이에 太宗은 그들을 사면했다. 이에 대해 구양수가 논한 글이 縱囚論이다.

*본문에는 唐太宗 6년에 일어난 사건으로 되어 있음.

1 다음을 소리 내어 읽고 써보자.

縱囚(　　　)　歐陽(　　　)　永叔(　　　)　信義(　　　)
刑戮(　　　)　惡極(　　　)　尤甚(　　　)　義死(　　　)
幸生(　　　)　尤難(　　　)　辟囚(　　　)　還家(　　　)
就死(　　　)　恩德(　　　)　假使(　　　)　冀免(　　　)
被縱(　　　)　獲免(　　　)　惠德(　　　)　於兹(　　　)
不通(　　　)　無赦(　　　)　常法(　　　)　堯舜(　　　)
干譽(　　　)

2 다음을 飜譯해 보자.

(1) 信義行於君子 而刑戮施於小人

(2) 寧以義死 不苟幸生 而視死如歸 此又君子之尤難者也

(3) 是以君子之難能 期小人之尤者而必能也

(4) 或曰罪大惡極 誠小人矣 及施恩德以臨之 假使變而爲君者

(5) 然安知夫縱之去也 不意其必來以冀免 所以縱之乎

(6) 然此必無之事也 若夫縱而來歸而赦之 可偶一爲之爾

1. 妬忌

文士姓柳者 遊嶺南 絕愛星山妓青蓮 及還 思想怏鬱 妻宋悍妬 惡
言慢罵 至或拳毆 柳不堪苦 試欲以嚴威壓之 一日衙罷到家 不脫冠
帶 端坐正色曰 女子不可嫉妬 詩 美文王后妃無妬忌 小學 婦人可去
者七 有淫去妬去 卿何物 敢妬如是 宋極憤 傍有剪板 攬起 大吼罵曰
何謂文王后妃 何謂淫去妬去 亂擊柳 柳窘 踰窓走

— 『太平閑話滑稽傳』

■ 漢字 풀이

姓 성 성	柳 버늘 류	遊 놀 유	嶺 재 령	絶 끊을 절
星 별 성	妓 기생 기	蓮 연꽃 련	還 돌아올 환	怏 원망할 앙
鬱 답답할 울	悍 사나울 한	妬 강샘할 투	慢 게으를 만	罵 꾸짖을 매
或 혹 혹	拳 주미 권	毆 때릴 구	堪 견딜 감	嚴 엄할 엄
威 위엄 위	壓 누를 압	衙 관청 아	罷 파할 파	脫 벗을 탈
冠 갓 관	帶 띠 대	端 바를 단	坐 앉을 좌	嫉 미워할 질
后 왕후 후	妃 왕비 비	忌 꺼릴 기	淫 음란할 음	卿 경 경
敢 감히 감	憤 성낼 분	傍 곁 방	剪 자를 전	板 널판지 판
攬 잡을 람	吼 울 후	謂 이를 위	擊 칠 격	窘 막힐 군
踰 넘을 유	太 클 태	閑 한가로울 한	滑 어지러울 골	稽 머무를 계

- 文士姓柳者 遊嶺南 絶愛星山妓靑蓮 : 문사 유라는 자가 영남을 유람하다가 성산의 기녀 청련을 몹시 사랑하였다.
  〈絶愛 : 아주 사랑함. 星山 : 地名. 靑蓮 : 人名.

- 及還 思想怏鬱 : 집에 돌아와 그녀 생각에 마음이 아쉽고 답답하였다.
  〈及 : ~에 이르러. 思想 : 청련에 대한 생각. 怏鬱 : 마음에 아쉽고 가슴이 답답함.

- 妻宋悍妬 惡言慢罵 至或拳歐 : 부인 송씨는 사납고 투기가 심해서 욕을 하고 꾸짖으며 심지어는 주먹으로 때렸다.
  〈悍妬 : 사납고 투기가 심함. 惡言 : 욕설. 慢罵 : 업신여기고 꾸짖음. 至 : 심지어. 拳歐 : 주먹으로 때림.

- 柳不堪苦 試欲以嚴威壓之 : 유는 그 고통을 견디기 어려워 시험 삼아 엄한 위엄으로 그녀를 누르고자 했다.
  〈試欲 : 시험 삼아 ~하고자 하다. 之 : 後置詞 지시적 의미.

- 一日衙罷到家 不脫冠帶 端坐正色 : 하루는 관아가 파하자 집에 돌아와 관대를 벗지 않고 단정히 앉아 정색을 하고,
  〈衙罷 : 관청 일을 끝남. 冠帶 : 모자와 띠.

- 日 女子不可嫉妬 詩 美文王后妃無妬忌 : 말하기를, "여자는 투기하는 것은 옳지 않으니 시경에서는 문왕의 후비가 투기하지 않음을 찬미했고,
  〈詩 : 詩經을 이름. 美 : 예찬함. 文王 : 周 나라 왕. 后妃 : 文王의 부인. 太姒로 儒家에서 이상적인 여성상으로 칭도되었음.

- 小學 婦人 可去者七 有淫去妬去 : 소학에서는 부인을 내쫓을 수 있는 것이 일곱이니 음행해도 쫓고, 투기해도 쫓는다는 것이 있소.
  〈小學 : 어린이들이 배우는 생활 수신서. 可去者七 : 七去之惡 아내를 내쫓을 수 있는 일곱 가지 조건 곧 不順舅姑·無子·淫行·嫉妬·惡疾·口舌·竊盜 등이다.

- 卿何物 敢妬如是 : 당신은 어떤 사람이기에 감히 투기하기를 이와 같이 한단 말인가?"라 했다.
  〈卿 : 二人稱代名詞. 何物 : 부인을 낮추어 이른 말. 敢~如是 : 設疑形 감히 ~이 이와 같은가?

- 宋極憤 傍有剪板 攬起 大吼罵 : 송씨는 화가 극에 달해 곁에 있던 剪板을 들고 일어나 큰소리로 꾸짖었다.
  〈剪板 : 가위질할 때 옷감 밑에 받치는 널빤지.

- 日 何謂文王后妃 何謂淫去妬去 : 말하기를, "문왕 후비가 어쩌고, 음행 투기가 어쨌다고." 하며,
  〈何謂 : 무엇을 이름인가?

- 亂擊柳 柳窘踰窓走 : 정신없이 柳를 치자, 柳는 어찌할 수 없어서 창을 넘어 도망하였다.

○

『太平閑話滑稽傳』 : 朝鮮 初 四佳 徐居正(1420~1488)이 찬술한 筆記文學 作品集

1 다음을 소리 내어 읽고 써보자.

嶺南(   )　快鬱(   )　悍妬(   )　惡言(   )
慢罵(   )　拳歐(   )　堪苦(   )　嚴威(   )
壓之(   )　衙罷(   )　冠帶(   )　端坐(   )
嫉妬(   )　后妃(   )　妬忌(   )　婦人(   )
洼去(   )　何物(   )　極憤(   )　剪板(   )
攬起(   )　吼罵(   )　亂擊(   )　閑話(   )
滑稽(   )

2 다음을 飜譯해 보자.

(1) 文士姓柳者遊嶺南 絶愛星山妓靑蓮

(2) 妻宋悍妬 惡言慢罵 至或拳歐

(3) 一日衙罷到家 不脫冠帶 端坐正色

(4) 小學 婦人 可去者七 有洼去妬去

(5) 宋極憤 傍有剪板 攬起 大吼罵

(6) 何謂义王后妃 何謂洼去妬去

2. 當斬吾馬

金先生者 善談笑 嘗訪友人家 主人設酌 只佐蔬菜 先謝曰 家貧市遠 絶無兼味 惟淡泊 是愧耳 適有群鷄 亂啄庭除 金曰 大丈夫 不惜千金 當斬吾馬 佐酒 主人曰 斬一馬 騎何物而還 金曰 借鷄騎還 主人大笑 殺鷄餉之 仍與大噱

— 『太平閑話滑稽傳』

■ 漢字 풀이

笑 웃을 소	嘗 일찍이 상	訪 찾을 방	設 베풀 설	酌 따를 작
只 다만 지	佐 도울 좌	蔬 푸성귀 소	菜 나물 채	謝 사죄할 사
貧 가난할 빈	遠 멀 원	兼 겸할 겸	惟 오직 유	淡 묽을 담
泊 말쑥할 박	愧 부끄러워 할 괴	適 마침 적	鷄 닭 계	啄 쫄 탁
庭 뜰 정	除 섬돌 제	丈 어른 장	惜 아낄 석	當 마땅 당
斬 벨 참	騎 탈 기	殺 죽일 살	餉 먹일 향	仍 인할 잉
噱 웃을 각				

- 金先生者 善談笑 : 김 선생은 담소를 잘했다.
  〈談笑 : 우스갯소리.

- 嘗訪友人家 主人設酌 只佐蔬菜 先謝曰 : 일찍이 친구의 집을 찾아간 적이 있는데 주인이 술상을 차려왔으나, 안주가 다만 채소뿐이라 먼저 미안해하며 말하기를,
  〈嘗 : 일찍이 ~한 적이 있다. 設酌 : 술상을 마련함. 佐 : 안주를 의미. 蔬菜 : 푸성귀와 나물. 先謝 먼저 양해를 구함.

- 家貧市遠 絶無兼味 惟淡泊 是愧耳 : "집이 가난하고 저자는 멀어서 맛있는 것이 전혀 없고 오직 담백한 것뿐이니 이것이 부끄러울 따름이네."라 했다.
  〈兼味 : 고기반찬 같은 맛있는 음식. 淡泊 : 채소 같은 빛깔과 맛이 담백한 음식.

- 適有群鷄 亂啄庭除 : 마침 닭의 무리가 어지럽게 마당 뜰에서 모이를 쪼고 있었다.
  〈亂啄 : 어지럽게 쫌. 庭除 : 마당 뜰.

- 金曰 大丈夫 不惜千金 當斬吾馬 佐酒 : 김 선생이 말하기를, "대장부가 천금을 아끼지 않는 법이라. 마땅히 내 말을 베어 술안주로 하리라." 하다.
  〈當 : 마땅히 ~히디.

- 主人曰 斬一馬 騎何物而還 : 주인이 말하기를, "하나뿐인 말을 베면 무엇을 타고서 돌아가려는가?"라 하니,
  〈一 : 말이 한 마리라는 것을 강조. 何物 : 疑問形.

- 金曰 借鷄騎還 : 김 선생이 말하기를, "닭을 빌어서 타고 돌아가겠네."라 했다.

- 主人大笑 殺鷄餉之 仍與大噱 : 주인이 크게 웃고 닭을 잡아 대접을 하고 그것으로 인하여 더불어 크게 웃었다.
  〈之 : 後置詞 지시적 의미. 仍 : 그것으로 인해서. 與 : 함께.

1 다음을 소리 내어 읽고 써보자.

談笑(   )   嘗訪(   )   設酌(   )   蔬菜(   )
先謝(   )   家貧(   )   市遠(   )   絶無(   )
兼味(   )   淡泊(   )   群鷄(   )   亂啄(   )
庭除(   )   當斬(   )   佐酒(   )   借鷄(   )
騎還(   )   殺鷄(   )   餉之(   )   大噱(   )

2 다음을 飜譯해 보자.

(1) 嘗訪友人家 主人設酌 只佐蔬菜

(2) 家貧市遠 絶無兼味 惟淡泊 是愧耳

(3) 大丈夫 不惜千金 當斬吾馬 佐酒

(4) 斬一馬 騎何物而還

(5) 借鷄騎還

3. 石囊踰首

昔有處女居室者 人之媒者衆 或云能文章 或云能射御 或云有池下
良田數十頃 或云陽道壯盛 能掛石囊而揮之踰首 女作詩以示其意曰
文章闊發多勞苦 射御材能戰死亡 池下有田逢水損 石囊踰首我心當

— 『慵齋叢話』

■ 漢字 풀이

處 머무를 처	媒 중매 매	衆 무리 중	或 혹 혹	云 이를 운
射 궁술 사	御 어거할 어	池 못 지	良 좋을 량	數 여러 수
頃 밭이랑 경	陽 볕 양	壯 씩씩할 장	盛 담을 성	掛 걸 괘
囊 주머니 낭	揮 휘두를 휘	踰 넘을 유	闊 트일 활	勞 일할 로
苦 괴로울 고	材 재목 재	戰 싸울 전	逢 만날 봉	損 덜 손
慵 어리석을 용	齋 집 재	叢 모을 총		

- 昔有處女居室者 : 옛날에 한 처녀가 살고 있었다.

- 人之媒者衆 : 중매자가 많았다.

- 或云能文章 : 혹자는 문장에 능하다 운운하고,
  〈或 : 중매쟁이를 가리킴.

- 能射御 : 활을 쏘고 말을 모는 데 능하다 하며,

- 有池下良田數十頃 : 못 아래 좋은 논이 수십 경이 있다고 하고,

- 陽道壯盛 能掛石囊而揮之蹂首 : 양도가 커서 돌 주머니를 걸어 휘둘러 머리를 넘길 수 있다고 했다.
  〈陽道壯盛 : 남자의 陽物이 크다. 之 : 後置詞 지시적 의미.

- 女作詩以示其意曰 : 여자가 시로써 자기의 뜻을 보여 말하기를,

- 文章闊發多勞苦 : "문장이 활발하면 수고로움이 많고,
  〈闊發 : 확 트여 핌.

- 射御材能戰死亡 : 활쏘기 말달리기 재주에 능하면 전장에 나가 죽기 마련이며,

- 池下有田逢水損 : 못 아래 있는 논은 홍수를 만나면 손상될 것이라.
  〈水 : 홍수.

- 石囊蹂首我心當 : 돌 주머니를 머리 뒤로 넘긴다는 것이 내 마음에 든다."라 했다.
  〈當 : 합당하다.

○

『慵齋叢話』: 朝鮮 初 慵齋 成俔(1439~1504)이 지은 筆記文學 作品集

1 다음을 소리 내어 읽고 써보자.

處女( )	媒者( )	射御( )	池下( )
良田( )	十頃( )	陽道( )	壯盛( )
能掛( )	石囊( )	揮之( )	踰首( )
文章( )	闊發( )	勞苦( )	射御( )
材能( )	戰死( )	池下( )	逢水( )

2 다음을 飜譯해 보자.

(1) 或云有池下良田數十頃

(2) 陽道壯盛 能掛石囊而揮之踰首

(3) 文章闊發多勞苦

(4) 射御材能戰死亡

(5) 池下有田逢水損

(6) 石囊踰首我心當

4. 忠州妓女金蘭

全穆愛忠州妓女金蘭 穆將向京城 戒蘭曰愼勿輕許人 蘭曰 月嶽有崩而我心不變 後蘭愛斷月驛丞 穆作詩送之曰 聞汝便憐斷月丞 夜深常向驛奔騰 何時手執三稜杖 歸問心期月嶽崩 蘭和而答之曰 北有全君南有丞 妾心無定似雲騰 若將盟誓山如變 月嶽于今幾度崩 皆梁斯文汝恭所作也

―― 『慵齋叢話』

穆 화목할 목	忠 충성 충	蘭 난초 란	將 장차 장	戒 경계할 계
愼 삼갈 신	勿 말 물	輕 가벼울 경	嶽 큰 산 악	崩 무너질 붕
變 변할 변	斷 끊을 단	驛 역 역	丞 도울 승	便 편할 편
憐 불쌍히 여길 련	深 깊을 심	奔 달릴 분	騰 오를 등	執 잡을 집
稜 모 릉	杖 지팡이 장	雲 구름 운	盟 맹세할 맹	誓 맹세할 서
于 어조사 우	幾 몇 기	梁 들보 량	斯 이 사	汝 너 여
恭 공손할 공				

- 全穆愛忠州妓女金蘭 : 전목이 충주 기생 금란을 사랑하였다.
  〈全穆 : 人名. 忠州 : 地名. 金蘭 : 人名.

- 穆將向京城 戒蘭曰愼勿輕許人 : 목이 장차 서울로 가면서 란에게 경계하여 말하기를, "조심하여 남에게 가벼이 허락하지 말라."라고 했다.
  〈勿 : 금지. ～말라.

- 蘭曰 月嶽有崩而我心不變 : 란이 말하기를, "월악산이 무너져도 내 마음은 변하지 않을 것이다."라 했다.
  〈而 : 逆接 語助辭.

- 後蘭愛斷月驛丞 : 뒤에 애란이 단월 역 승을 사랑하였다.
  〈斷月 : 驛名. 丞 : 職名. 驛官.

- 穆作詩送之曰 : 목이 시를 지어 보내서 말하기를,

- 聞汝便憐斷月丞 夜深常向驛奔騰 : "들으니 네가 단월역 승을 오직 사랑하여 깊은 밤이면 항상 역을 향해 달려간다는데
  〈便憐 : 오로지 사랑함.

- 何時手執三稜杖 歸問心期月嶽崩 : 언젠가 세모진 몽둥이를 들고 가서 월악산이 무너지는 것으로 기약한 마음을 물어볼 것이다."라 하니,

- 蘭和而答之曰 : 란이 화답하여 말하기를,

- 北有全君南有丞 妾心無定似雲騰 : "북쪽에는 전 군이 있고, 남쪽에는 승이 있으니 첩의 마음은 구름 피어오르듯 정함이 없네.
  〈全君 : 全穆.

- 若將盟誓山如變 月嶽于今幾度崩 : 만약 맹세를 가지고 산이 변한다면, 월악은 지금까지 몇 번이나 무너졌을까?"라 했다.
  〈將 : ～을 누고서. 月嶽于今幾度崩 : 월악산이 수없이 무너졌다는 의미.

- 皆梁斯文汝恭所作也 : 대개 양사문 여공이 지은 것이다.
  〈梁汝恭(1378～1431) : 號는 柳亭. 본관은 忠州. 1431년 柳衍生의 유언비어에 연루되어 사형을 당함. 효성이 지극하고 시와 글씨에 능했다.

1 다음을 소리 내어 읽고 써보자.

忠州(   ) 妓女(   ) 金蘭(   ) 京城(   )
勿輕(   ) 月嶽(   ) 不變(   ) 斷月(   )
便憐(   ) 夜深(   ) 常向(   ) 奔騰(   )
稜杖(   ) 雲騰(   ) 盟誓(   )

2 다음을 飜譯해 보자.

(1) 全穆愛忠州妓女金蘭

(2) 穆將向京城 戒蘭曰愼勿輕許人

(3) 月嶽有崩而我心不變

(4) 聞汝便憐斷月丞 夜深常向驛奔騰

(5) 何時手執三稜杖 歸問心期月嶽崩

(6) 北有全君南有丞 妾心無定似雲騰

(7) 若將盟誓山如變 月嶽于今幾度崩

5. 不畏妻者

　　自古難化者婦人　男子剛腸者幾人能不畏婦人　古者有將軍　領十萬兵陳于廣漠之坰　分東西樹大旗　一旗靑　一旗紅　遂三令五申於軍中曰畏妻者立紅旗下　不畏妻者立靑旗下　十萬之軍皆就紅旗下而立　有一丈夫獨立靑旗下　將軍傳令問之　答曰　吾妻常戒我曰　男子三人會必論女色　三男會處　汝則一切勿入云　況今十萬男子所會處乎　是以不敢違命　獨立靑旗下

── 『於于野談』

□ 漢字 풀이

難 어려울 난	婦 며느리 부	剛 굳셀 강	腸 창자 장	幾 몇 기
畏 두려울 외	領 거느릴 령	陳 늘어놓을 진	廣 넓을 광	漠 사막 막
坰 들 경	樹 세울 수	旗 기 기	遂 이룰 수	令 영 령
申 펼 신	就 나아갈 취	獨 홀로 독	傳 전할 전	常 일상 상
會 모일 회	必 반듯 필	汝 너 여	切 모두 체	違 어긋날 위
于 어조사 우	野 들 야	談 말씀 담		

- 自古 難化者婦人 : 예로부터 교화하기 어려운 자가 부녀자이다.

- 男子剛腸者幾人能不畏婦人 : 강장한 남자 가운데 몇 사람이나 부인을 두려워하지 않을 수 있는가.
  〈剛腸者 : 뱃심이 강한 사람. 幾人 : 設疑形, 몇 사람이나 ~인가.

- 古者有將軍 領十萬兵 陳于廣漠之坰 : 옛적에 삽만의 군사를 거느린 장군이 있었는 데 광막한 들에 (그들을) 늘어세웠다.
  〈廣漠 : '廣莫'으로도 씀. 한없이 넓어서 아득함.

- 分東西樹大旗 一旗靑 一旗紅 : 동서로 나누어 큰 기를 세웠는데 하나는 푸른 기이 고, 다른 하나는 붉은 기이다.
  〈樹 : 여기서는 '세우다'(竪와 같은 의미).

- 遂三令五申於軍中曰 : 마침내 군중에 거듭 되풀이하여 하여 말하기를,
  〈三令五申 : 세 번을 호령하고 다섯 번을 거듭 말함. 즉 군대에서 되풀이해서 자세히 명령함.

- 畏妻者立紅旗下 不畏妻者立靑旗下 : "부인이 두려운 사람은 붉은 기 아래에, 부인 이 두렵지 않은 사람은 청기 아래에 서라."고 했다.

- 十萬之軍皆就紅旗下而立 有一丈夫獨立靑旗下 : 십만의 군사들은 모두 붉은 기 아 래에 섰는데 한 丈夫가 유일하게 푸른 기 아래에 서 있었다.

- 將軍傳令問之 答曰 吾妻常戒我曰 : 장군이 전령에게 묻게 하니, 답하여 말하기를, "내 아내가 항상 내게 경계하여 말하기를,
  〈傳令問之 : 使役形, 傳令에게 묻게 함.

- 男子三人會必論女色 三男會處 汝則一切勿入云 : '남자 셋이 모이면 반드시 여색을 논할 것이니 남자 셋이 모인 곳에 당신은 절대로 들어가지 말라'고 했습니다.
  〈男子三人會 : 假定形, 남자 셋이 모이면, 勿入 : 禁止形, ~ 말라.

- 況今十萬男子所會處乎 是以不敢違命 獨立靑旗下 : 하물며 지금 십만의 남자들이 모인 곳이겠는가? 이로써 감히 명을 어기지 못해 홀로 푸른 기 아래에 서 있는 것 입니다."라 했다.
  〈所會 : 被動形 모인. 乎 : 疑問語助辭, ~이겠는가? 命 : 아내의 명령.

○

『於于野談』: 朝鮮朝 文人 於于 柳夢寅(1559~1623)이 쓴 筆記文學 作品集, 최초의 野談集으로도 알려져 있음.

1 다음을 소리 내어 읽고 써보자.

難化(   )   剛腸(   )   幾人(   )   將軍(   )
廣漠(   )   三令(   )   五申(   )   畏妻(   )
紅旗(   )   靑旗(   )   丈夫(   )   獨立(   )
傳令(   )   常戒(   )   違命(   )

2 다음을 飜譯해 보자.

(1) 男子剛腸者幾人能不畏婦人

(2) 古者有將軍 領十萬兵陳于廣漠之坰

(3) 遂三令五申於軍中

(4) 十萬之軍皆就紅旗下而立 有一丈夫獨立靑旗下

(5) 男子三人會必論女色 三男會妻 汝則一切勿入云

(6) 況今十萬男子所會處乎 是以不敢違命 獨立靑旗下

6. 開册兒眠

    一婦人生子　兒孩日夜不寢　呼啼無已　其婦持一卷小說冊　開列于兒
前　其姑怪問其故則　婦曰　此兒之父　平日無睡時　若對此冊則就睡耳
姑曰　其父則看得其文義之滋味故也　然兒孩豈好耶　俄而兒果眠焉　婦
曰　老人妄不知事理也

―『禦睡新話』

■ 漢字 풀이

孩 아이 해	寢 잠잘 침	呼 부를 호	啼 울 제	已 이미 이
持 가질 지	冊 책 책	列 벌일 열	姑 시어미 고	怪 기이할 괴
故 옛 고	睡 잠잘 수	對 대답할 대	看 볼 간	義 의로울 의
滋 불을 자	味 맛 미	好 좋을 호	耶 어조사 야	俄 갑자기 아
眠 잠잘 면	焉 어조사 언	妄 허망할 망	理 다스릴 리	禦 막을 어

156

- 一婦人生子 兒孩日夜不寢 呼啼無已 : 한 며느리가 아이를 낳았는데 아이가 밤낮으로 잠을 자지 않고 울기를 그만 두지 않으니,
  〈呼啼 : 울고 불고함. 無已 : 그치지 않음.

- 其婦持一卷小說冊 開列于兒前 : 그 며느리가 한 권의 소설책을 가져다가 아이 앞에 펼쳐 두었다.

- 其姑怪問其故則 : 그 시어머니가 이상하게 여기고 그 까닭을 물으니,
  〈故 : 까닭, 이유.

- 婦曰 此兒之父 平日無睡時 若對此冊則就睡耳 : 며느리가 말하기를, "아범이 평소 잠이 오지 않다가도 이 책을 대하면 잠이 들던데요."라고 하였다.
  〈此兒之父 : 이 아이의 아버지. 無睡時 : 잠이 오지 않을 때. 若 : 만약. 對 : 펼쳐들다. 此冊 : 소설책. 就睡 : 잠이 들다.

- 姑曰 其父則看得其文義之滋味故也 然兒孩豈好耶 : 시어머니가 말하기를, "아범은 그 글 뜻의 재미를 볼 수 있기 때문이지만, 그러나 아이가 어찌 좋아하겠는가?"라 했다.
  〈其父 : 그 아버지, 아이의 아버지. 看得 : 보고 얻다. 豈~耶 : 設疑形, 어찌 ~하리오.

- 俄而兒果眠焉 婦曰 老人妄不知事理也 : 이윽고 아이가 잠이 들자, 며느리가 말하기를, "노인은 괜히 사리도 알지 못하면서"라고 했다.
  〈果 : 結果. 妄 : 괜히, 망령되이. 事理 : 일이 되어 가는 이치.

○

『禦睡新話』: 朝鮮朝 後期에 畵員 출신의 玉山 張漢宗(1768~?)이 찬술한 筆記文學 作品集. 本文은 『古今笑叢』에서 再引用

『古今笑叢』: 朝鮮 시대에 편찬된 직자 연대 미상의 笑話集으로 『太平閑話滑稽傳』을 비롯해서 여러 소화집이 실려 있음.

1 다음을 소리 내어 읽고 써보자.

兒孩(   ) 不寢(   ) 呼啼(   ) 無已(   )
小說(   ) 怪問(   ) 無睡(   ) 此冊(   )
就睡(   ) 看得(   ) 滋味(   ) 豈好(   )
俄然(   ) 事理(   ) 禦睡(   )

2 다음을 飜譯해 보자.

(1) 而兒孩日夜不寢 呼啼無已

(2) 其婦持一卷小說冊 開列于兒前

(3) 婦曰 此兒之父 平日無睡時 若對此冊則就睡耳

(4) 姑曰 其父則看得其文義之滋味故也 然兒孩豈好耶

(5) 俄然兒果眠焉

(6) 老人妄不知事理也云矣

7. 放屁爭賞

一新婦初謁舅姑 六親咸集 濃粧盛飾 出於廳上 觀者嘖嘖稱歎 婦
詣舅姑前 方奉酌而追 忽放屁 親族皆藏笑相顧 乳母赧然而欲自當之
遽起謝曰 小的 年老 尻軟失禮 不勝惶恐 舅姑善之而賞乳母一疋段
新婦奪其段曰 吾之放屁 爾何受賞耶 一座掩口而笑

野史氏曰 乳母自當放屁 掩主之失 可謂善應變也 新婦動心於疋段
忘恥而爭賞則 其意陋矣 人品之高下 不可以生地取也 明矣

— 『蓂葉志諧』

□ 漢字 풀이

謁 아뢸 알	咸 모두 함	濃 짙을 농	粧 단장할 장	飾 꾸밀 식
廳 관청 청	觀 볼 관	嘖 외칠 책	稱 일컬을 칭	歎 탄식할 탄
詣 이를 예	奉 받들 봉	酌 술 따를 작	追 쫓을 추	忽 갑자기 홀
屁 방귀 비	族 겨레 족	藏 감출 장	顧 돌아볼 고	赧 얼굴 붉힐 난
遽 갑자기 거	的 적 적	尻 꽁무니 고	軟 부드러울 연	禮 예도 례
勝 이길 승	惶 두려워할 황	恐 두려울 공	乳 젖 유	疋 필 필
段 구분 단	奪 빼앗을 탈	爾 너 이	賞 상줄 상	座 자리 좌
掩 가릴 엄	蓂 명협풀 명	葉 잎 엽	諧 화할 해	野 들 야
史 역사 사	應 응할 응	變 변할 변	忘 잊을 망	恥 부끄러워 할 치
爭 다툴 쟁	陋 더러울 루			

• 一新婦初謁舅姑 六親咸集 : 어느 신부가 처음 시부모를 뵙는데 여러 친척이 모두 모였다.
  〈謁 : 謁見. 六親 : 六戚. 여섯 가지 친척 父 母 兄 弟 妻 子 또는 父 母 兄 弟 夫 婦.

• 濃粧盛飾 出於廳上 觀者嘖嘖稱歎 : 짙은 화장에 성장한 복식으로 대청으로 나오는데 보는 자가 시끄럽게 떠들며 칭찬하였다.

• 婦詣舅姑前 方奉酌而追 忽放屁 親族皆藏笑相顧 : 며느리는 시부모 앞에 나아가 바야흐로 술잔을 드리려 하는데 갑자기 방귀가 흘러나왔다. 친족들이 모두 웃음을 감추고 서로 돌아보기만 하는데
  〈追 : 뒤이어.

• 乳母赧然而欲自當之 遽起謝曰 : 유모가 얼굴이 붉어져 스스로 자기가 감당하려고 바로 일어나 사과하여 말하기를,

• 小的 年老 尻軟失禮 不勝惶恐 : "제가 연로하여 꽁무니가 부드러워 실례를 한 바, 죄송함을 이기지 못하겠습니다."라 했다.
  〈小的 : 저의. 的은 관형격 조사 ~의.

• 舅姑善之而賞乳母一疋段 : 시부모가 그를 좋게 여기고 유모에게 비단 한 필을 상으로 내렸다.
  〈善之 : '之'는 後置詞로 지시적 의미를 가짐.

• 新婦奪其段曰 吾之放屁 爾何受賞耶 : 신부가 그 비단을 빼앗아 말하기를, "내가 뀐 방귀인데 네가 어찌 상을 받느냐?"라고 했다.
  〈之 : 後置詞 ~의

• 一座掩口而笑 : 앉은 사람 모두 입을 가리고 웃었다.

• 野史氏曰 : 야사 씨가 말하기를,
  〈野史氏 : 왕으로부터 공식적으로 임명된 史官이 아닌 사람.

• 乳母自當放屁 掩主之失 可謂善應變也 : "유모가 스스로 방귀를 뀌었다고 한 것은 주인의 실수를 감춘 것이므로 예상치 못했던 일에 잘 대응한 처사라고 이를 만하다.
  〈自當 : 스스로 감당함. 應變 : 예상하지 못한 일에 대응함.

• 新婦動心於疋段 忘恥而爭賞則 其意陋矣 : 신부가 한 필의 비단에 마음이 움직여 부끄러움을 모르고 상을 다툰 것이니 그 뜻이 더럽다 하겠다.
  〈動心 : 마음이 움직임. 忘恥 : 부끄러움을 모름.

• 人品之高下 不可以生地取也 明矣 : 인품의 높고 낮음을 태어난 처지로 취하는 것이 옳지 않다는 것이 분명하다."라 했다.
  〈生地 : 태어날 때의 신분.

◎

『蓂葉志諧』: 朝鮮朝 肅宗 때 玄默子 洪萬宗(1642~1723)이 지은 筆記文學 作品集. 本文은 『古今笑叢』에서 再引用

1 다음을 소리 내어 읽고 써보자.

新婦(   )   初謁(   )   舅姑(   )   咸集(   )
濃粧(   )   盛飾(   )   廳上(   )   嘖嘖(   )
稱歎(   )   奉酌(   )   放屁(   )   親族(   )
藏笑(   )   相顧(   )   乳母(   )   赧然(   )
遽起(   )   尻軟(   )   失禮(   )   不勝(   )
惶恐(   )   疋段(   )   掩口(   )   莫葉(   )
滑稽(   )

2 다음을 飜譯해 보자.

(1) 一新婦初謁舅姑 六親咸集

(2) 濃粧盛飾 出於廳上 觀者嘖嘖稱歎

(3) 婦詣舅姑前 方奉酌而追 忽放屁 親族皆藏笑相顧

(4) 乳母赧然而欲自當之 遽起謝曰

(5) 小的 年老 尻軟失禮 不勝惶恐

(6) 舅姑善之而賞乳母 一疋段

(7) 新婦奪其段曰 吾之放屁 爾何受賞耶

8. 三葉錢

洛有破落戶 朱五金三者 朱曰吾等年將四十 尙無所業 實愧世人
試爲賣酒 而雖吾兩人之間 誓不給債 以觀其殖 如何 金曰善 乃辦一
壺酒 又議曰 煩囂處 則賣買必不從容 盍向靜處 乃登北岳 無人可賣
金三適有三葉錢 出給朱五而飮一盃 朱五又以其錢 給金三飮一盃 互
買互飮 抵暮 朱五曰 雖是爾我 未嘗給債 酒則已盡 而錢則只三葉而
已 未知何人 盜我錢乎 乃破酒壺 酩酊而歸

副墨子曰 爲人而上不養其父母 下不育其妻子 自暴自棄 至於此極
何異於猩猩之人語乎

—『破睡錄』

■ 漢字 풀이

洛 강 이름 락	落 떨어질 락	戶 집 호	朱 붉을 주	等 무리 등
尙 오히려 상	愧 부끄러워할 괴	賣 팔 매	給 줄 급	債 빚 채
殖 번성할 식	辦 힘쓸 판	壺 병 호	議 의논할 의	煩 괴로워할 번
囂 시끄러울 효	買 살 매	從 따를 종	容 얼굴 용	盍 어찌 아니 합
靜 고요할 정	登 오를 등	岳 큰 산 악	適 마침 적	葉 잎 엽

錢 돈 전　　　飮 마실 음　　　盃 잔 배　　　互 서로 호　　　抵 이를 저
暮 저물 모　　　盡 다할 진　　　盜 훔칠 도　　　酩 술 취할 명　　　酊 술 취할 정
副 버금 부　　　墨 먹 묵　　　育 기를 육　　　暴 드러날 포　　　棄 버릴 기
猩 잔나비 성

■ 句文 註釋

- 洛有破落戶 朱五金三者 : 서울에 파락호 주오와 김삼이란 자가 있었다.
  〈破落戶 : 敗家, 淪落한 집안의 無賴한 자제 즉 건달.

- 朱曰 吾等年將四十 尙無所業 實愧世人 試爲賣酒 而雖吾兩人之間 誓不給債 以觀其殖 如何 : 주가 말하기를, "우리들의 나이가 이제 40이 되었는데 오히려 일이 없으니 실로 남에게 부끄러운 일이야. 시험 삼아 술장사를 해보세. 그러나 비록 우리 둘 사이에는 외상을 주지 아니하기로 맹세를 하고 돈이 불어나는 것을 보기로 하세." 라 했다.
  〈吾等 : 우리들. 將 : 장차 미래를 나타냄. 而 : 逆接 語助辭. 以 : 前置詞 ~써. 殖 : 돈이 불어남.

- 金曰 善 乃辦一壺酒 : 김이 말하기를, "좋다." 하고 바로 한 단지의 술을 받았다.
  〈善 : 동의함을 나타냄.

- 又議曰 煩囂處 則賣買必不從容 盍向靜處 乃登北岳 無人可賣 : 또 의논하여 말하기를, "번잡한 곳은 매매하는 데 반드시 조용하지 않을 것이니 어찌 조용한 곳으로 가지 않으리." 하고 바로 북악산에 올랐으나, 술을 팔아줄 사람이 없었다.
  〈煩囂 : 번잡하고 시끄러운. 必不 : 全部否定 : 반드시 ~이 아니다. 從容 : 조용. 盍 : '何不'의 縮字로 反語形, 어찌 아니.

- 金三適有三葉錢 出給朱五而飮一盃 : 김삼은 마침 돈 세 닢이 있어 주오에게 내주고 술 한 잔을 마셨다.
  〈三葉 : 서 푼.

- 朱五又以其錢 給金三飮一盃 互買互飮 抵暮 : 주오가 또 그 돈으로 김에게 서 푼을 주고 한 잔을 마셨는데 서로 주고 사고 마셔 저녁에 이르렀다.
  〈以 : 前置詞 ~써.

- 朱五曰 雖是爾我 未嘗給債 酒則已盡 而錢則只三葉而已 未知何人盜我錢乎 : 주오가 말하기를, "너와 내가 외상을 준 적이 없는데 술은 이미 바닥이 났다. 그런데 돈은 다만 서 푼뿐이니 알 수 없구나, 어떤 사람이 우리 돈을 훔쳐 갔는지"라 했다.
  〈未嘗 : 否定形 ~한 적이 없다. 未知 : 否定形 알 수 없다. 何人~乎 : 疑問形, 어떤 사람이 ~인가?

- 乃破酒壺 酩酊而歸 : 이내 술 단지를 깨버리고 술이 취해 돌아왔다.
  〈而 : 順接 語助辭.

- 副墨子曰 爲人而上不養其父母 下不育其妻子 自暴自棄 至於此極 何異於猩猩之人語
  乎 : 부묵자가 말하기를, "사람이 되어서 위로는 그 부모를 봉양하지 못하고, 아래
  로는 그 처자를 기르지 못하며, 자포자기하여 이 지경에 이르렀으니 잔나비들의 말
  과 무엇이 다르겠는가?"라 했다.
  〈爲人 : 사람이 되어. 何異 : 反語形 무엇이 다르겠는가? 於 : 比較形 ~과.

○

『破睡錄』: 副墨子 찬으로 되어 있으나 누구인지 알 수 없다.
本文은 『古今笑叢』에서 再引用

1 다음을 소리 내어 읽고 써보자.

破落(   )   尙無(   )   實愧(   )   賣酒(   )
給債(   )   壺酒(   )   煩囂(   )   賣買(   )
從容(   )   靜處(   )   葉錢(   )   互飮(   )
抵暮(   )   爾我(   )   酩酊(   )   墨子(   )
自棄(   )   此極(   )   猩猩(   )   破睡(   )

2 다음을 飜譯해 보자.

(1) 吾等年將四十 尙無所業 實愧世人 試爲賣酒

(2) 而雖吾兩人之間 誓不給債 以觀其殖 如何

(3) 煩囂處 則賣買必不從容 盍向靜處

(4) 朱五又以其錢 給金三飮一盃 互買互飮 抵暮

(5) 雖是爾我 未嘗給債 酒則已盡 而錢則只三葉而已 未知何
    人 盜我錢乎

(6) 爲人而上不養其父母 下不育其妻子 自暴自棄 至於此極
    何異於猩猩之人語乎

9. 報獨呑嫌

一生員　借他之六足　參姻婭家婚事而受宴床　沒呑無餘　牽夫無所喫

之物　終日腹空　厥者思之則　非但腹空　飮食獨呑　不念下人　所爲極爲

忿快　回還之時　涉大川矣　預先馬腹帶解　緩到川中流　揚鞭打馬　馬橫

而鞍倒　生員落水中　兩手據地匍匐不能起　厥者扶而起之曰　生員主

飛於飮食矣　何不飛於水中乎

『醒睡稗說』

■ 漢字 풀이

借 빌릴 차	參 간여할 참	姻 혼인 인	婭 동서 아	婚 혼인할 혼
宴 잔치 연	床 상 상	沒 가라앉을 몰	呑 삼킬 탄	牽 이끌 견
喫 마실 끽	腹 배 복	厥 그 궐	但 다만 단	忿 성낼 분
快 원망할 앙	涉 건널 섭	預 미리 예	帶 띠 대	解 풀 해
緩 느릴 완	揚 오를 양	鞭 채찍 편	打 칠 타	橫 빗길 횡
鞍 안장 안	倒 넘어질 도	據 의거할 거	匍 길 포	匐 길 복
扶 도울 부	主 주인 주	飛 날 비	醒 깰 성	睡 잠잘 수
稗 피 패	說 말씀 설	嫌 싫어할 혐		

- 一生員 借他之六足 參姻婭家婚事 : 어느 생원이 남의 말과 말몰이꾼을 빌려 사돈집의 혼인 잔치에 참여했다.
  〈六足 : 말과 구종군의 다리를 합하면 여섯이 된다.

- 而受宴床 沒吞無餘 牽夫無所喫之物 終日腹空 : 그리고 잔칫상을 받아 다 먹어버리고 남긴 것이 없으니 말몰이꾼은 먹을 음식이 없어서 종일 배를 곯았다.
  〈牽夫 : 말을 끌고 가는 하인.

- 厥者思之則 非但腹空 飮食獨吞 不念下人 所爲極爲忿快 : 그 자가 생각하니 배를 곯았을 뿐만 아니라 음식을 혼자 먹고 아랫사람을 생각하지 않으니 소행에 몹시 화가 났다.
  〈非但 : ～일뿐만 아니라.

- 回還之時 涉大川矣 : 돌아오는 때에 큰 내를 건넜는데

- 預先馬腹帶解 緩到川中流 揚鞭打馬 馬橫而鞍倒 : 미리 고삐를 풀어놓고 천천히 냇가의 중류에 이르러 채찍을 들어 말을 치니 말이 기꾸러지고 인징이 뒤집혔다.

- 生員落水中 兩手據地匍匐不能起 : 생원이 물속으로 떨어져 두 손을 땅에 싶고 기면서 일어날 수가 없었다.

- 厥者扶而起之曰 生員主 飛於飮食矣 何不飛於水中乎 : 그 자가 부추기어 일으켜 세우고 말하기를, "생원님은 음식에서는 날더니 어찌 물속에서는 날지 못하십니까?"라 했다.
  〈主 : –님.

○

『醒睡稗說』 : 편지지 미상. 本文은 『古今笑叢』에서 再引用

1 다음을 소리 내어 읽고 써보자.

生員(　　　)　六足(　　　)　參姻(　　　)　婭家(　　　)
婚事(　　　)　宴床(　　　)　沒呑(　　　)　牽夫(　　　)
終日(　　　)　腹空(　　　)　厥者(　　　)　獨呑(　　　)
忿快(　　　)　回還(　　　)　帶解(　　　)　緩到(　　　)
揚鞭(　　　)　打馬(　　　)　鞍倒(　　　)　據地(　　　)
匍匐(　　　)　飮食(　　　)　醒睡(　　　)　稗說(　　　)
雜錄(　　　)

2 다음을 飜譯해 보자.

一生員　借他之六足　參姻婭家婚事

而受宴床　沒呑無餘　牽夫無所喫之物　終日腹空

非但腹空　飮食獨呑　不念下人　所爲極爲忿快

預先馬腹帶解　緩到川中流　揚鞭打馬　馬橫而鞍倒

生員落水中　兩手據地匍匐不能起

生員主　飛於飮食矣　何不飛於水中乎

10. 甕算

甕器商　負甕器一負　休于樹下　默算曰給一分者　捧二分　給二分者
捧四分　給一錢者　捧二錢　一負爲二負　二負爲四負　一兩爲二兩　二兩
爲四兩　次次倍之　終爲萬億兆　乃曰財産如此　丈夫處世　豈無妻乎　有
妻後　豈無家乎　有家後　豈無器皿乎　如是之後　一妻一妾　男兒常事　有
妻有妾之後　若有爭鬨之事則　當如是打之　卽拔支機杖　亂打甕器後
坐而思之矣　萬不成說　非但甕器盡破　支機幷破　傍有三分價小盆一介
矣　拾而去之　路逢驟雨　入冶爐中避雨而坐　更算曰　以此三分價者　捧
六分　以六分　貿二器　捧一錢二分　次次倍之　其數亦不可量　乃搖頭揚
揚之際　其亦盆觸爐壁破之

— 『醒睡稗說』

■ 漢字 풀이

甕 독 옹	器 그릇 기	商 장사 상	負 짐 부	休 쉴 휴
默 묵묵할 묵	算 셀 산	給 줄 급	分 단위 푼	捧 받들 봉
錢 돈 전	兩 단위 량	次 다음 차	倍 곱절 배	兆 조 조
爭 다툴 쟁	鬨 다툴 홍	卽 곧 즉	拔 뽑을 발	之 고일 지

機 틀 기　　　杖 지팡이 장　　　亂 어지러울 난　　　打 두드릴 타　　　甕 독 옹(瓮과 같음)

坐 앉을 좌　　　但 다만 단　　　幷 아우를 병　　　傍 곁 방　　　價 값 가

盆 동이 분　　　介 홀로 개　　　拾 주을 습　　　逢 만날 봉　　　驟 달릴 취

冶 풀무 야　　　爐 화로 로　　　避 피할 피　　　更 다시 갱　　　貿 바꿀 무

量 헤아릴 량　　　搖 흔들 요　　　頭 머리 두　　　際 즈음 제　　　觸 부딪힐 촉

壁 벽 벽

- 甕器商 負甕器一負 休于樹下 默算曰 : 옹기상이 옹기 한 짐을 지고 가다가 나무 아래 쉬면서 속으로 셈을 하며 말하기를,
  〈默算 : 속으로 셈을 함.

- 給一分者 捧二分 給二分者 捧四分 給一錢者 捧二錢 : "한 푼 주고 산 것은 두 푼을 받고, 두 푼 주고 산 것은 네 푼을 받고, 일 전 주고 산 것은 이 전을 받으면,

- 一負爲二負 二負爲四負 一兩爲二兩 二兩爲四兩 次次倍之 終爲萬億兆 : 한 짐이 두 짐이 되고, 두 짐이 넉 짐이 될 것이고, 한 냥이 두 냥이 되고 두 냥이 넉 냥이 되어서 차차 배가 되면 마침내 만, 억, 조가 될 것이다."라 했다.

- 乃曰 財産如此 丈夫處世 豈無妻乎 有妻後 豈無家乎 有家後 豈無器皿乎 : 이에 말하기를, "재산이 이와 같이 되면 장부가 세상에 처해서 어찌 처가 없을 수 있으며, 처가 있은 뒤에는 어찌 집이 없을 수 있으며, 집이 있은 뒤에는 어찌 살림살이가 없을 수 있겠는가?
  〈豈無 : 設疑形, 어찌 ~이 없겠는가?

- 如是之後 一妻一妾 男兒常事 : 이와 같이 된 뒤에 처와 첩을 거느림은 남자로서 으레 있을 수 있는 일인데,

- 有妻有妾之後 若有爭鬨之事則 當如是打之 : 처와 첩이 있은 뒤에 만약 저들이 싸우는 일이 있으면 마땅히 이와 같이 때려 줄 거야"라 하며,

- 卽拔支機杖 亂打甕器後 坐而思之矣 萬不成說 : 곧 지게 작대기를 뽑아 옹기를 어지럽게 친 뒤에 앉아서 생각하니 도무지 될 말이 아니었다.

- 非但甕器盡破 支機幷破 : 옹기가 다 깨졌을 뿐만 아니라 지게도 부서졌다.

- 傍有三分價小盆一介矣 : 옆에 서 푼짜리 작은 동이만 한 개 있었다.

- 拾而去之 路逢驟雨 入冶爐中避雨而坐 更算曰 : 주워서 가다가 길에서 소나기를 만나 대장간에 들어가 비를 피하고 앉아 있다가 다시 셈을 하면서 말하기를,

170

• 以此三分價者 捧六分 以六分 貿二器 捧一錢二分 次次倍之 其數小不可量 : "이 서 푼짜리를 가지고 여섯 푼을 받고 여섯 푼으로 그릇 둘을 사 가지고 일전 이 푼을 받아 차차 배가 되면 그 수 또한 헤아릴 수 없을 것이다."라고 했다.

• 乃搖頭揚揚之際 其亦盆觸爐壁破之 : 이에 머리를 흔들며 의기양양할 즈음에 그 독이 또한 화로의 벽에 부딪혀 깨졌다.

『醒睡稗說』: 本文은 『古今笑叢』에서 再引用

1 다음을 소리 내어 읽고 써보자.

瓮器(　　　)　　默算(　　　)　　次次(　　　)　　培之(　　　)
億兆(　　　)　　財産(　　　)　　處世(　　　)　　器皿(　　　)
常事(　　　)　　爭鬪(　　　)　　亂打(　　　)　　盡破(　　　)
小盆(　　　)　　路逢(　　　)　　驟雨(　　　)　　冶爐(　　　)
避雨(　　　)　　更算(　　　)　　盆觸(　　　)　　爐壁(　　　)

2 다음을 飜譯해 보자.

(1) 瓮器商 負瓮器一負 休于樹下 默算曰

(2) 給一分者 捧二分 給二分者 捧四分

(3) 次次培之 終爲萬億兆

(4) 乃曰 財産如此 丈夫處世 豈無妻乎

(5) 有妻有妾之後 若有爭鬪之事 則當如是打之

(6) 卽拔支機杖 亂打甕器後 坐而思之矣 萬不成說

(7) 乃搖頭揚揚之際 其亦盆觸爐壁破之

가	佳 아름다울 가	佳客 佳境 佳景 佳果 佳局
	假 거짓 가	假定 假官 假納 假量 假令 假面
	價 값 가	價格 價値 買價 賣價 市價 時價
	加 더할 가	加減 加納 加擔 加斂 加勞 加療
	可 옳을 가	可敎 可矜 可期 可念 可當
	家 집 가	家庭 家計 家系 家族 家具 家禮
	歌 노래 가	歌客 歌曲 歌曲 歌劇 歌女 歌壇
	街 거리 가	街談 街道 街坊 街路 市街 街說
	架 시렁 가	架空 架橋 架構 架臺 架線 架設
	暇 겨를 가	餘暇 閑暇 休暇 暇餘 暇日 賜暇
각	脚 다리 각	脚線 脚韻 脚下 健脚 脚骨 脚色
	角 뿔 각	角度 銳角 鈍角 直角 陽角 角弓
	各 각자 각	各自 各個 各級 各局 各國 角膜
	閣 누각 각	樓閣 閣下 閣門 閣上 閣筆
	刻 새길 각	刻刻 刻苦 刻骨 刻器 刻漏 刻薄
	覺 깨달을 각	自覺 覺醒 覺性 知覺 先覺 感覺
	却 물리칠 각	却老 却步 却說 却下 却行
간	看 볼 간	看護 看板 看客 看過 看色 看守
	間 사이 간	間間 間隙 間隔 離間 間斷 間接
	干 빙패 간	干祿 干滿 干涉 干城 干與 十干
	刊 책 펴낼 간	刊行 刊印 出刊 日刊 朝刊 夕刊
	懇 간절할 간	懇諫 懇懇 懇曲 懇求 懇談
	簡 간략할 간	簡潔 簡古 簡單 簡慢 簡默
	肝 가 가	肝腸 肝臟 肝炎 肝膽 肝膽 肝腎
	姦 간사할 간	姦通 姦夫 姦婦 姦非 强姦
	幹 줄기 간	幹事 幹根 幹能 幹部 主幹
갈	渴 목마를 갈	渴症 消渴 喝道 一喝 渴水
감	甘 달 감	甘雨 甘水 甘苦 甘味 甘受
	敢 감히 감	敢決 敢然 敢戰 敢行 果敢 勇敢
	減 덜 감	感却 減價 減輕 減量 減免 減俸
	感 느낄 감	感覺 感慨 感想 感傷 感激
	監 감독할 감	監督 監修 監考 監理 監事
	鑑 거울 감	龜鑑 印鑑 鑑古 鑑別 鑑査
갑	甲 갑옷 갑	甲紗 甲戌 甲殼 甲男乙女 甲骨文字
강	强 강할 강	强姦 强力 强震 强固 强軍 强勸
	講 설명할 강	講義 開講 講壇 閉講 講究 講讀
	降 내릴 강	降雨 降壇 滑降 降臨 降福 降雪
	降 항복할 항	降伏 降兵 降書 降卒 降將
	江 물 강	江水 江南 江東 江岸 江村 春江
	綱 벼리 강	綱目 三綱 綱常 綱領 要綱 大綱
	鋼 강철 강	鋼鐵 鋼製 鋼板 鍊鋼 鋼卞
	剛 굳셀 강	金剛 剛正 剛悍 剛膽 剛薄
	康 편안할 강	康衢 康寧 安康 平康 健康
개	皆 모두 개	皆勤 皆旣 皆兵 皆是 皆骨山
	個 낱 개	個別 個人 個性 個體 各個
	改 고칠 개	改正 改定 改訂 改量 改名
	開 열 개	開講 開廷 開始 開幕 開明
	蓋 덮을 개	蓋石 蓋世 蓋然 覆蓋 傘蓋
	介 끼일 개	介入 介立 介意 介淨 耿介
	槪 대개 개	槪念 大槪 槪略 槪要 景槪
	慨 슬퍼할 개	慨世 慨然 憤慨 慨嘆 感慨
객	客 손 객	客船 客車 賓客 客室 旅客
갱	更 다시 갱	更生 更年 更選 更進 更起
	更 고칠 경	變更 更張 更漏 更衣 更迭
거	擧 늘 거	擧家 擧皆 擧國 選擧 列擧 科擧
	居 거처할 거	居間 居家 居留 居民 居上
	巨 클 거	巨閣 巨人 巨金 巨事 巨視的
	去 갈 거	去年 過去 去冬 去留
	車 수레 거	車馬 車駕 車蓋 車軌 自轉車
	車 성씨 차	車輪(인명)
	拒 막을 거	拒否 拒守 拒絶 拒逆 抗拒
	距 떨어질 서	距侍 距離 距今 拒戰 距躍

음	한자	훈·음	어휘
건	乾	하늘 건	乾坤 乾卦 乾象 乾燥 乾濕 乾柿
	建	세울 건	建築 建設 建國 建立 建物 建造
	健	건장할 건	健康 健脚 健勝 健實 健兒 剛健
	件	사건 건	件數 事件 物件 立件 事事件件
걸	傑	뛰어날 걸	傑出 傑物 雄傑 人傑 傑立
	乞	빌 걸	乞人 乞食 乞客 求乞 乞求
검	檢	조사할 검	檢查 檢事 檢診 劍舞 檢疫
	劍	칼 검	劍道 劍士 劍客 劍車 劍戟 檢察
	儉	검소할 검	儉素 儉約 儉客 儉朴 儉薄
격	激	격동할 격	激動 激勵 激突 激烈 激流
	擊	칠 격	擊毬 擊斷 擊發 擊蒙 擊滅
	格	격식 격	格談 格物 格言 人格 神格
	隔	사이 격	隔世 膈膜 隔離 隔室 隔夜
견	犬	개 견	犬豚 犬齒 犬馬之勞 犬猫之間
	堅	굳셀 견	堅甲 堅剛 堅固 堅果 堅忍 堅靭
	見	볼 견	見聞 見解 見利 見積 見物生心
	見	나타날 현	見謁 見糧 見舅姑 見祠堂 見在
	肩	어깨 견	肩骨 肩臂 肩隨 肩章 比肩
	絹	비단 견	絹毛 絹紗 絹絲 絹綿 人造絹
	遣	보낼 견	遣唐 遣明 遣歸 遣外 派遣
	牽	끌 견	牽强 牽曳 牽牛 牽引 牽聯
결	決	정할 결	決定 決斷 決意 專決 決裁
	結	맺을 결	結果 結論 結婚 結合 決議
	潔	깨끗할 결	潔淨 潔癖 純潔 高潔 潔闊
	缺	부족할 결	缺損 缺試 缺如 缺乏 缺陷
겸	謙	겸손할 겸	謙德 謙辭 謙遜 謙語 謙虛
	兼	겸할 겸	兼備 兼務 兼愛 傔人 兼行
경	敬	공경할 경	敬虔 敬愛 敬賀 恭敬 敬恭
	輕	가벼울 경	輕勘 輕炎 輕率 輕車 勁騎
	驚	놀랄 경	驚怪 驚句 驚氣 驚起 驚倒
	京	서울 경	京鄕 京境 京劇 京官 京軍
	經	다스릴 경	經濟 經國 經過 經營 經度
	慶	경사 경	慶賀 慶祝 慶福 慶尙道 國慶日
	耕	밭갈 경	耕稼 耕境 耕田 耕耘機 耕起
	景	볕 경	景氣 景觀 景致 景命 景槪
	庚	나이 경	庚戌 庚熱 庚方 庚時 庚申
	競	다툴 경	競爭 競賣 競走 競技 競落
	鏡	거울 경	鏡戒 鏡臺 鏡寫 明鏡 銅鏡
	頃	이랑 경	頃刻 頃步 頃年 頃日 頃田 食頃
	警	경계할 경	警戒 警告 警查 警句 巡警
	境	지경 경	境界 境遇 國境 地境 邊境
	徑	지름길 경	徑輪 徑間 徑道 徑路 俓情直行
	竟	마침내 경	竟夜 竟境 竟夕 畢竟 究竟
	硬	굳을 경	硬貨 硬化 硬質 硬膏 硬鑞
	傾	기울 경	傾度 傾倒 傾動 傾注 傾向
	卿	벼슬 경	卿等 卿大夫 卿輩 卿相 正卿
계	計	셈할 계	計家 計巧 計較 計算 計劃
	界	지경 계	界境 境界 世界 界面調 思想界
	季	끝 철 계	季刊 季女 季節 季母 季氏
	溪	시내 계	溪澗 溪谷 溪流 溪畔 溪邊
	癸	천간 계	癸丑 癸期 癸卯 癸未 癸方
	鷄	닭 계	鷄犬 鷄冠 鷄肋 鷄狗 鷄豚
	繼	이을 계	繼繼 繼起 繼糧 繼明 繼母
	械	기계 계	械繫 械筏 械用 器械 機械
	契	맺을 계	契勘 契機 契文 契約 書契
	契	나라이름 글	契丹
	啓	열 계	啓導 啓明 啓蒙 啓發 啓示
	階	섬돌 계	階級 階段 階名 階伯 段階
	係	걸릴 계	係累 係名 係長 刑事係 民事係
	戒	경계할 계	戒告 戒懼 戒禁 戒律 戒名
	系	이을 계	系統 系圖 系譜 系列 世系
	桂	계수나무 계	桂冠 桂女 桂林 桂樓 桂樹
	繫	맬 계	繫留 連繫 繫索 繫船 繫屬
고	苦	괴로울 고	苦悶 苦心 苦痛 苦役 忍苦
	高	높을 고	高價 高架 高閣 高校 高等
	古	옛 고	古家 古歌 古宮 古蹟 古物
	稿	원고 고	原稿 稿料 稿本 稿草 稿砧
	姑	시어미 고	姑舅 姑公 姑母 姑婦 姑息
	孤	외로울 고	孤介 孤獨 孤兒 孤立 孤寂
	故	연고 고	故家 故物 故事 故舊 緣故
	告	알릴 고	告暇 告警 告課 告官 警告
	固	굳을 고	固有 固執 固着 堅固 確固
	考	살필 고	考講 考據 考古 考察 考試
	枯	마를 고	枯渴 枯槁 枯木 枯死 枯葉
	庫	창고 고	庫間 金庫 倉庫 庫內 車庫
	鼓	북 고	鼓歌 鼓車 鼓動 鼓舞 鼓吹

	顧 돌아볼 고	顧客 顧忌 顧命 回顧 顧問官		狂 미칠 광	狂歌 狂藥 狂人 狂風 狂暴
곡	穀 곡식 곡	穀粉 穀食 穀物 米穀 雜穀	괘	掛 걸 괘	掛冠 掛金 掛念 掛圖 卦鐘
	曲 굽을 곡	曲藝 曲盡 曲直 元曲 作曲	괴	怪 괴이할 괴	怪巧 怪鬼 怪力 怪異 怪奇
	谷 골 곡	溪谷 深谷 幽谷 峽谷 栗谷		愧 부끄러워할 괴	愧慨 愧懼 愧忿 愧心 愧憇
	哭 울 곡	哭臨 哭聲 哭泣 哀哭 痛哭		壞 무너질 괴	壞亂 壞滅 壞損 壞血病 破壞
곤	坤 땅 곤	坤卦 坤宮 坤方 坤靈 乾坤		塊 흙덩이 괴	塊根 塊莖 塊金 塊狀 塊石
	困 곤할 곤	困苦 困窮 困乏 困惑 疲困	교	校 학교 교	教室 校長 校監 校舍 學校
골	骨 뼈 골	骨幹 骨格 骨董 骨盤 骨髓		教 가르칠 교	教育 教師 教職 教務 教訓
공	共 함께 공	共産 共通 共謀 反共 公共		橋 다리 교	橋架 橋梁 橋脚 踏橋 雲橋
	公 공변될 공	公的 公敵 公務 公式 公衆		交 사귈 교	交際 交流 交換 交友 交替
	工 장인 공	工匠 工場 工人 工巧 工具		較 비교할 교	較略 較量 較然 較藝 比較
	空 빌 공	空空 空中 空虛 空室 空氣		巧 공교할 교	巧妙 巧辯 巧詐 巧態 奇巧
	功 공 공	功績 功力 積功 功過 功課		郊 들 교	郊外 郊里 郊堡 郊祀 郊迎
	攻 칠 공	攻擊 攻守 攻略 攻學 攻防		矯 바로잡을 교	矯殺 矯矢 矯揉 矯正 矯俗
	恐 두려울 공	恐喝 恐懼 恐怖 恐惑 恐慌	구	救 구원할 구	救命 救援 救濟 救助 救恤
	恭 공손할 공	恭儉 恭謙 恭敬 恭遜 恭人		口 입 구	口角 口渴 口腔 口蓋 硬口蓋
	孔 구멍 공	孔教 孔孟 孔明 孔門 孔方		求 구할 구	求暇 求職 求償權 求乞 貪求
	貢 바칠 공	貢擧 貢納 貢賦 貢人 貢布		九 아홉 구	九竿 九千 九原 九州 九乾
	供 이바지할 공	供饋 供給 供物 供述 供養		舊 옛 구	舊穀 舊刊 舊疆 舊怨 舊態
과	果 과실 과	果木 果實 果然 結果 因果		句 글귀 구	句節 警句 驚句 文句 語句
	科 과거 과	文科 理科 商科 工科 內科		久 오랠 구	久遠 久留 持久 悠久 久別
	課 부과할 과	課長 課程 學課 附課 賦課		究 궁구할 구	究竟 究明 究察 究審 研究 探究
	過 지날 과	過擧 過去 過誤 過失 通過		具 갖출 구	具備 具瞻 具慶 具足戒 道具
	誇 자랑할 과	誇功 誇矜 誇大 誇示 誇張		球 구슬 구	球冠 球心 籠球 排球 地球
	寡 적을 과	寡君 寡人 寡默 寡聞 寡婦		驅 몰 구	驅儺 驅役 驅魔 驅逐 驅出
곽	郭 성곽 곽	郭內 郭索 城郭 外郭 輪郭		俱 함께 구	俱樂部 俱沒 俱發 俱存 俱現
관	關 빗장 관	關門 關聯 聯關 稅關 關稅		苟 진실로 구	苟艱 苟命 拘碍 句牛 苟且
	觀 볼 관	觀點 觀相 觀察 觀賞 觀光		丘 언덕 구	丘岡 丘墳 丘陵 丘墓 丘阜
	官 벼슬 관	官吏 官內 官軍 官廳 官物		拘 거리낄 구	拘檢 拘礙 拘碍 拘束 拘留
	管 대롱 관	管見 管區 管內 管理 管狀植物		區 나눌 구	區間 區域 區別 區分 地域區
	館 집 관	館閣 館錄 館舍 館長 圖書館		龜 거북 구(귀)	龜鑑 龜甲 龜鏡 龜旨歌 龜策
	冠 갓 관	冠禮 冠帽 鷄冠 月桂冠 冕旒冠		龜 터질 균	龜手 龜裂
	寬 너그러운 관	寬容 寬大 寬待 寬恕 寬裕		懼 두려워할 구	懼內 懼然 懼意 懼剔 懼喘
	貫 꿸 관	貫弓 貫道 貫祿 貫徹 貫通		狗 개 구	狗糞 狗膽 狗馬 狗尾 屠狗
	慣 익숙할 관	慣例 慣面 慣性 慣習 慣用句		構 얽을 구	構成 構造 構文 構想 構怨
광	廣 넓을 광	廣場 廣告 廣野 廣求 廣闊	국	國 나라 국	國歌 國家 國民 國定 國政
	光 빛 광	光線 光州 光榮 光速 春光		菊 국화 국	菊月 菊花 野菊 殘菊 黃菊
	鑛 쇳돌 광	鑛區 鑛山 鑛産 炭鑛 金鑛		局 판 국	局面 局量 局番號 局外者 局長

군	君 임금 군	君主 君臣 君民 大院君 諸君
	軍 군사 군	軍人 軍隊 軍務 軍事 軍部
	郡 고을 군	郡界 郡民 郡史 郡守 郡長
	群 무리 군	群起 群落 群衆 群小輩 群鷄一鶴
굴	屈 굽을 굴	屈折 屈節 屈伸 屈身 卑屈
궁	弓 활 궁	弓房 弓師 弓矢 弓鉞 弓形
	宮 집 궁	宮殿 宮田 宮前 宮主 昌慶宮
	窮 궁할 궁	窮寇 窮究 窮困 窮乏 窮達
권	勸 권할 권	勸力 勸善 勸誘 勸諭 勸言
	權 권세 권	權力 權愈 權勢 權座 權利
	卷 책 권	卷頭 卷末 卷舌 卷峽 壓卷
	拳 주먹 권	拳拳 拳法 拳術 拳銃 拳鬪
	券 문서 권	證券 債券 文券 券書 馬券
궐	厥 그 궐	厥者 厥角 厥女 厥初 厥心痛
궤	軌 길 궤	軌度 軌道 軌跡 軌迹 挾軌
귀	歸 돌아올 귀	歸家 歸隊 歸屬 歸俗 歸鄕
	貴 귀할 귀	貴下 貴體 貴賤 貴中 貴重
	鬼 귀신 귀	鬼神 鬼哭 鬼面 鬼斧 疫鬼
규	規 법 규	規則 規律 規制 規約 法規
	叫 부르짖을 규	絶叫 叫嚷 叫號 叫喚 叫春
	糾 모을 규	糾明 糾問 糾罪 糾彈 糾合
균	均 고를 균	均等 均排 均配 均平 平均
	菌 버섯 균	菌株 菌桂 種菌 病菌 殺菌
극	極 다할 극	極度 極端 極限 極寒 太極
	劇 연극 극	劇團 劇壇 劇場 悲劇 演劇
	克 이길 극	克己 克復 克難 克堪 超克
근	根 뿌리 근	根性 根底 根治 根據 採根
	勤 부지런할 근	勤儉 勤苦 勤求 勤續 勤勞
	近 가까울 근	近處 近方 近近 近日 遠近
	僅 겨우 근	僅可 僅僅 僅少 僅僅得生 僅僅扶持
	斤 근 근	斤斤 斤兩重 斤斧 斤數 斤重
	謹 삼갈 근	謹啓 謹篤 謹拜 謹封 謹身
금	禁 금할 금	禁止 禁斷 禁男 禁煙 嚴禁
	今 이제 금	今週 今番 今年 今日 至今
	琴 거문고 금	琴瑟 琴曲 琴譜 琴柱 伽倻琴
	禽 날짐승 금	禽獸 禽語 禽鳥 禽珍 禽獲
	錦 비단 금	錦繡 錦端 錦鷄 錦衣 錦鱗
급	及 미칠 급	及笄 及瓜 及落 及第 及其也
급	給 줄 급	給水 給食 俸給 還給 先給
	急 급할 급	急騰 急落 急迫 應急 性急
	級 등급 급	級數 特級 上級 下級 等級
긍	肯 즐길 긍	肯諾 肯謝 肯定 首肯 肯意
기	起 일어날 기	起雲 起運 起床 起寢 想起
	氣 기운 기	氣韻 氣運 氣勢 氣力 氣分
	幾 몇 기	幾諫 幾度 幾微 幾年 幾何
	旣 이미 기	旣刊 旣成 旣定 旣墾地 旣決囚
	己 몸 기	己卯 己酉 己丑 己有 己物
	基 터 기	基礎 基盤 基壇 基本 基軸
	其 그 기	其間 其勢 其實 其人 其他
	記 기록할 기	記錄 記憶 記述 記名 日記
	期 기약 기	期待 期約 期限 晚期 待期
	技 재주 기	技巧 技能 技師 技術 技藝
	欺 속일 기	欺弄 欺瞞 欺罔 欺心 詐欺
	棄 버릴 기	棄却 棄權 棄世 棄兒 放棄
	忌 꺼릴 기	忌祭 忌中 忌憚 忌避 忌嫌
	祈 빌 기	祈福 祈願 祈禱 祈雨 祈祝
	奇 기이할 기	奇異 奇怪 奇勝 奇拔 傳奇
	騎 말탈 기	騎馬 騎兵 騎士道 騎銃 鐵騎
	豈 어찌 기	公豈敢入乎 豈足深信
	紀 벼리 기	紀綱 紀年 西紀 檀紀 年紀
	機 틀 기	機甲 機械 機關 機構 機動
	旗 기 기	校旗 軍旗 國旗 白旗 靑旗
	器 그릇 기	器具 器官 器量 器皿 容器
	飢 주릴 기	飢渴 飢饉 飢死 飢餓 飢寒
	畿 경기 기	畿內 畿營 畿甸 畿湖 京畿
	企 꾀할 기	企待 企圖 企望 企業 企劃
	寄 부탁할 기	寄居 寄稿 寄留 寄附 寄託
긴	緊 요긴할 긴	緊縮 緊急 緊密 緊縛 要緊
길	吉 길할 길	吉金 吉禮 吉相 吉凶 大吉
김	金 성 이름 김	金君 金孃 金科長 金先生 金生員
	金 쇠 금	金庫 金色 金線 金銀 黃金
나	那 어찌 나	那間 那箇 那落 那裏 刹那
낙	諾 허락 낙	受諾 承諾 許諾 諾諾 應諾
난	難 어려울 난	難堪 難攻 難關 患難 救難
	暖 따뜻할 난	暖國 暖帶 暖房 寒暖 溫暖

남	南 남녘 남	南東 南國 南極 南班 南方
	男 사내 남	男女 男妹 男性 男子 男女有別
납	納 들일 납	納入 納期 納受 入納 納付
낭	娘 각시 낭	娘子 娘子軍 娘家 娘娘
내	乃 이에 내	乃公 乃父 乃子 乃祖 乃至
	內 안 내	內客 內局 內房 內部 內附
	內 들일 납	
	耐 견딜 내	耐久 耐熱 耐乏 忍耐 耐久力
	奈 어찌 내	奈何
녀	女 계집 녀	女子 女權 女性 女息 男女
년	年 해 년	年代 年度 來年 今年 昨年
념	念 생각 념	念念 念頭 念慮 念願 念力
녕	寧 편안할 녕	寧暇 寧歲 平康 康寧 安寧
노	怒 성낼 노	怒氣 怒濤 怒發大發 怒色 忿怒
	努 힘쓸 노	努力 努目 努肉
	奴 종 노	奴僕 奴婢 奴役 奴隷 床奴
농	農 농사 농	農家 農具 農事 農業 農作物
뇌	惱 괴로워할 뇌	惱悶 惱殺 苦惱 煩惱 心惱
	腦 머릿골 뇌	腦裏 腦膜炎 腦髓 腦神經 頭腦
능	能 능할 능	能力 能動 能率 能小能大 權能
니	泥 진흙 니	泥溝 泥金 泥水 泥匠 泥炭
다	多 많을 다	多角形 多産 多年生 多讀 多量
	茶 차 다	茶禮 茶菓 茶果 茶罐 茶房
단	短 짧을 단	短軀 短尺 短點 短命 長短
	單 홀 단	單件 單袴 單券 單數 單手
	但 다만 답	但書 但只 非但
	丹 붉을 단	丹靑 丹藥 丹穴 丹粧 丹楓
	端 끝 단	端緖 端午 端整 端雅 端裝
	旦 아침 단	元旦 旦夕 旦旦 旦明 旦暮
	段 층계 단	段階 段落 段數 文段 別段
	斷 끊을 단	斷交 斷層 斷念 斷頭 斷崖
	壇 제터 단	壇排 壇所 壇場 壇享 祭壇
	檀 박달나무 단	檀家 檀君 檀木 檀弓 檀香木
	團 둥글 단	團員 團結 團欒 團合 團體
달	達 통달할 달	達觀 達練 達辯 達人 通達
담	談 말씀 담	談話 談論 情談 鼎談 古談
	淡 묽을 담	淡泊 淡淡 淡味 淡水 淡交

	擔 멜 담	擔當 擔保 擔任 擔具 負擔
답	答 대답할 답	答辯 答辭 對答 應答 正答
	畓 논 답	畓結 畓農 水畓 沃畓 田畓
	踏 밟을 답	踏査 踏歌 踏步 踏襲 踏舞
당	當 마땅할 당	當面 當然 當局 當代 當年
	堂 집 당	堂內 堂上 堂下 祠堂 巫堂
	唐 당나라 당	唐突 唐麵 唐墨 唐惶 盛唐
	黨 무리 당	黨利 黨略 黨權 朋黨 政黨
	糖 엿 당	糖分 糖尿 乳糖 糖類 果糖
대	大 큰 대	大人 大事 大母 大王 大家
	代 대신할 대	代理 代身 代母 年代 時代
	對 대할 대	對答 對比 對策 應對 相對
	待 기다릴 대	待期 待望 待合室 接待 歡待
	貸 빌릴 대	貸借 貸給 貸付 貸與 賃貸
	隊 떼 대	大隊 中隊 小隊 聯隊 隊商
	帶 띠 대	帶同 熱帶 寒帶 溫帶 革帶
	臺 돈대 대	臺諫 臺本 舞臺 鏡臺 燈臺
덕	德 큰 덕	德望 德治 德性 道德 積德
도	道 길 도	市道 道教 道家 道具 道路
	島 섬 도	島嶼 島民 列島 孤島 群島
	到 이를 도	到達 到着 到來 到處 到任
	度 법도 도	度量 度數 度外視 定度 法度
	度 헤아릴 탁	度計 度揆 度支部 度支大臣 忖度
	圖 그림 도	圖工 圖面 圖謀 圖案 圖形
	刀 칼 도	刀劍 刀工 刀尖 長刀 短刀
	都 도읍 도	都邑 都會地 都市 都城 首都
	徒 무리 도	徒黨 徒步 賊徒 信徒 逆徒
	盜 도둑 도	盜賊 盜殺 盜魁 强盜 竊盜
	桃 복숭아 도	桃花 桃李 桃園 桃源 水蜜桃
	稻 벼 도	稻作 稻熱病 稻花 稻蟲 稻米
	途 길 도	途上 途中 世途 用途 前途
	倒 넘어질 도	倒産 倒胃 倒着 倒錯 倒壞
	跳 뛸 도	跳躍 跳舞 跳梁 跳躍板 跳開橋
	導 인도할 도	指導 先導 善導 引導 訓導
	逃 달아날 도	逃亡 逃走 逃避 逃遁 逃世
	挑 돋울 도	挑發 挑戰 挑出 挑禍 挑剔
	陶 질그릇 도	陶工 陶窯 陶冶 陶醉 陶瓷器
	渡 건널 도	渡來 渡船 渡航 渡美 渡河

	塗 진흙 도	塗料 塗抹 塗粉 塗說 塗炭
독	讀 읽을 독	讀書 讀本 讀者 朗讀 默讀
	讀 글귀 두	句讀點 吏讀
	獨 홀로 독	獨立 獨子 獨斷 獨宿 孤獨
	督 감독할 독	督促 督課 督勵 監督 提督
	毒 독할 독	毒藥 毒蛇 毒感 毒殺 毒素
	篤 두터울 독	篤敬 篤工 篤學 篤孝 敦篤
돈	敦 두터울 돈	敦篤 敦睦 敦化 敦親 敦化門
	豚 돼지 돈	豚肉 豚脂 豚犬 豚兒 豚皮
돌	突 부딪칠 돌	突擊 突進 突發 突然 突破
동	動 움직일 동	動作 動線 動動 運動 作動
	冬 겨울 동	冬季 冬眠 冬期 冬節 冬至
	東 동녘 동	東方 東邦 東南 東天 東向
	同 한 가지 동	同質 同一 同居 同格 同感
	童 아이 동	童男 童僕 童心 童顔 童謠
	洞 고을 동	洞口 洞窟 洞里 洞門 洞內
	洞 통할 통	洞鑑 洞開 洞見 洞簫 洞房
	銅 구리 동	銅綠 銅盤 銅色 銅錢 銅鏡
	凍 얼 동	凍江 凍裂 凍氷 凍死 凍傷
두	豆 콩 두	豆腐 豆太 赤豆 賊豆 綠豆
	頭 머리 두	頭角 頭蓋骨 頭巾 頭腦 頭髮
	斗 말 두	斗穀 斗斛 斗量 斗起 斗落
둔	鈍 무딜 둔	鈍感 鈍器 鈍濁 愚鈍 鈍漢
	屯 진칠 둔	駐屯 屯防 屯兵 屯所 駐屯地
득	得 얻을 득	得點 得功 得男 得道 得失
등	燈 등잔 등	燈盞 燈臺 燈油 燈光 電燈
	登 오를 등	登山 登高 登降 登校 登極
	等 무리 등	等級 等分 等閒 吾等 等等
	騰 오를 등	騰降 騰落 騰沸 騰貴 暴騰
라	羅 그물 라	羅裙 羅緞 羅列 羅針 羅漢
락	樂 즐길 락	樂園 樂土 歡樂 苦樂 雲雨之樂
	樂 풍류 악	樂長 樂章 樂師 樂匠 音樂
	樂 좋아할 요	樂山樂水
	落 떨어질 락	落水 落馬 落榜 落第 頹落
	絡 이을 락	絡緯 經絡 籠絡 脈絡 連絡
란	卵 알 란	卵子 卵巢 卵生 産卵 鷄卵
	亂 어지러울 란	亂離 亂雜 紊亂 騷亂 倭亂

	蘭 난초 란	蘭蕉 蘭草 蘭香 蘭盆 梅蘭菊竹
	欄 난간 란	欄干 欄外 空欄 讀者欄 文藝欄
람	濫 넘칠 람	濫讀 濫發 濫用 濫伐 濫觴
	覽 볼 람	觀覽 閱覽 遊覽 便覽 回覽
랑	郎 사내 랑	郎君 新郎 朗子 花郎 令郎
	浪 물결 랑	浪客 浪漫 浪費 浪說 風浪
	廊 행랑 랑	廊廡 廊底 廊下 回廊 廊廟之器
래	來 올 래	來日 來到 未來 往來 古來
랭	冷 찰 랭	冷水 冷酷 冷徹 冷情 寒冷
략	略 간략할 략	略歷 略號 略式 簡略 省略
	掠 노략질할 략	掠奪 掠劫 掠治 侵掠 掠奪婚
량	兩 둘 량	兩手 兩數 兩班 兩家 兩極
	良 어질 량	良人 良好 良質 良識 善良
	量 헤아릴 량	量子 酒量 計量 分量 數量
	凉 서늘할 량	凉扇 凉秋 凉風 納凉 淸凉
	諒 살필 량	諒闇 諒恕 諒知 諒解 惠諒
	梁 들보 량	梁上 梁麗 棟棟 梁材 梁上君子
	糧 양식 량	糧食 糧穀 糧政 軍糧 絶糧
려	旅 나그네 려	旅館 旅人宿 旅行 旅路 羈旅
	麗 고울 려	麗人 高麗 秀麗 美麗 華麗
	慮 생각할 려	思慮 考慮 苦慮 心慮 深慮
	勵 힘쓸 려	勵聲 獎勵 激勵 督勵 勉勵
력	力 힘 력	力士 力道 借力 求心力 遠心力
	歷 지낼 력	歷史 歷代 歷程 經歷 履歷
	曆 책력 력	曆年 曆法 曆書 曆數 冊曆
련	練 익힐 련	練麻 練武 練習 團練 訓練
	連 이을 련	連結 連絡 連續 連發 連繫
	戀 사모할 련	戀慕 戀愛 戀人 戀戀 悲戀
	聯 잇닿을 련	聯隊 聯句 聯合 聯立 關聯
	憐 불쌍히여길 련	憐憫 憐悼 憐惜 可憐 哀憐
	鍊 단련할 련	鍊金術 鍛鍊 鍊武 鍊磨 製鍊
	蓮 연꽃 련	蓮花 蓮塘 蓮池 蓮葉 蓮步
렬	烈 매울 렬	烈士 烈女 烈烈 炸裂 孝烈
	列 벌일 렬	列擧 分列 班列 配列 順列
	劣 용렬할 렬	劣等 劣惡 卑劣 庸劣 愚劣
	裂 찢을 렬	裂開 決裂 減裂 分裂 破裂
렴	廉 청렴할 렴	廉價 廉士 廉恥 淸廉 低廉
렵	獵 사냥 렵	獵奇 獵銃 獵具 獵期 狩獵

령	令	명령할 령	令監 令狀 命令 號令 令夫人
	領	거느릴 령	領收 領受 頭領 領收證 大統領
	靈	신령 령	靈魂 靈位 靈感 神靈 死靈
	嶺	재 령	嶺南 嶺東 嶺西 鳥嶺 大關嶺
	零	떨어질 령	零點 零落 零下 零上 零度
례	禮	예도 례	禮法 禮式 禮節 禮義 婚禮
	例	법식 례	例擧 例式 條例 事例 凡例
	隸	종 례	隸屬 隸僕 隸書 奴隸
로	路	길 로	路傍 路程 旅路 道路 鐵路 交叉路
	老	늙을 로	老人 老齡 老母 耆老 嘆老
	勞	수고로울 로	勞力 勞苦 勞困 勞動 勤勞
	露	이슬 로	露出 露呈 寒露 白露 霜露
	爐	화로 로	爐邊 火爐 煖爐 鎔鑛爐 原子爐
록	綠	푸를 록	綠陰 綠色 綠汁 綠豆 新綠
	鹿	사슴 록	鹿皮 鹿茸 塵鹿 鹿角 白鹿
	錄	기록할 록	錄音 錄音器 記錄 採錄 手錄
	祿	복 록	祿俸 祿命 國祿 俸祿 食祿
론	論	의논할 론	論議 論文 論爭 論說 論壇
롱	弄	희롱할 롱	弄談 弄璋 弄杖 戲弄 才弄
뢰	賴	의지할 뢰	信賴 無賴 依賴 依賴人 無賴漢
	雷	우뢰 뢰	雷同 落雷 迅雷 魚雷 地雷 避雷
료	料	헤아릴 료	料金 質料 給料 電氣料 水道料
	了	마칠 료	了然 了知 完了 修了 終了
	僚	벼슬아치 료	僚堂 閣僚 官僚 同僚 幕僚
룡	龍	용 룡	龍頭 龍船 龍巖 龍神 鷄龍
루	漏	샐 루	漏水 漏出 漏泄 漏落 漏電
	樓	다락 루	樓閣 樓臺 鼓樓 妓樓 鐘樓
	淚	눈물 루	淚腺 淚液 別淚 血淚 冤淚
	累	여러 루	累加 累卵 累進 累計 連累
	屢	자주 루	屢代 屢月 屢度 屢朔 屢次
류	留	머무를 류	留置 留學 留念 留宿 拘留
	柳	버들 류	柳器 柳眉 柳絮 花柳 細柳
	流	흐를 류	流動 流浪 流麗 流淚 流民
	類	무리 류	類類相從 類似 人類 種類 同類
륙	六	여섯 륙	六角 六甲 六經 六大洲 六禮
	陸	뭍 륙	陸地 陸本 陸軍 大陸 上陸
륜	倫	인륜 륜	倫理 倫序 人倫 天倫 倫理學
	輪	바퀴 륜	輪回 車輪 三輪 二輪 輪轉機
률	律	법 률	律格 律詩 律法 韻律 規律
	率	비율 률	比率 低率 高率 減少率 利子率
	栗	밤 률	栗谷 栗殼 栗木 栗房 栗鼠
륭	隆	성할 륭	隆起 隆崇 隆熙 隆盛 隆恩
릉	陵	언덕 릉	陵碑 陵寢 陵雲 陵蔑 陵辱
리	里	마을 리	里程 里門 里諺 里長 洞里
	理	다스릴 리	理致 理論 物理 事理 論理
	利	이로울 리	利益 利子 利害 便利 高利
	履	밟을 리	履歷 履修 履行 木履 履歷書
	梨	배 리	梨花 梨木 梨科 梨花酒 梨薑酒
	吏	관리 리	吏房 吏胥 官吏 酷吏 汚吏
	李	오얏 리	李桃 李白 李花 桃李 李舜臣
	裏	속 리	裏面 裏題 腦裏 表裏 凶裏
	離	떠날 리	離別 作別 送別 惜別 告別
린	隣	이웃 린	人家 隣國 隣里 隣接 交隣
림	林	수풀 림	林業 林間 林野 士林 森林
	臨	임할 림	臨戰 臨時 臨床 臨機 枉臨
립	立	설 립	立冬 立秋 立夏 立春 設立
마	馬	말 마	馬場 名馬 鈍馬 駑馬 千里馬
	麻	삼 마	麻姑 麻布 麻立干 痲藥 麻衣
	磨	갈 마	磨滅 磨耗 磨石 馬碎 琢磨
막	莫	아닐 막	莫强 莫論 莫上莫下 莫甚 莫逆
	漠	사막 막	漠漠 漠然 砂漠 漠漠大海 漠然不知
	幕	장막 막	幕間 酒幕 帳幕 天幕 閉幕
만	萬	일만 만	萬感 萬康 萬劫 落心千萬 千萬
	晩	늦을 만	晩涼 晩覺 晩期 晩學 最晩
	滿	찰 만	滿干 滿腔 滿開 過滿 喘滿
	慢	거만할 만	慢結 慢性 倨慢 驕慢 怠慢
	漫	부질없을 만	漫談 漫步 漫畵 散漫 浪漫
말	末	끝 말	木境 末肖 結木 牛木 週末
망	忘	잊을 망	忘却 忘年 忘年會 難忘 未忘
	望	바랄 망	望見 敬望 慾望 眺望 希望
	亡	망할 망	亡家 亡客 亡國 未亡 殘亡
	忙	바쁠 망	忙劇 忙迫 忙殺 忙中閑 閑忙
	罔	없을 망	罔極 罔夜 罔然 誣罔 侵罔
	妄	망령될 망	妄覺 妄擧 妄想 妄動 妄靈
	茫	망망할 망	茫漠 茫茫 茫茫人海 曠茫 滄茫

매　妹 손아랫누이 매　妹家 妹夫 妹弟 妹兄 亡妹
　　每 매양 매　每卷 每年 每日 每每 每個人
　　賣 팔 매　賣價 賣却 賣官 賣職 密賣
　　買 살 매　買售 賣買 買價 不買 都買
　　媒 중매 매　媒嫗 媒介 靈媒 中媒 觸媒
　　埋 묻을 매　埋祕 埋立 埋沒 生埋 假埋
　　梅 매화나무 매　梅毒 梅蘭 梅花 落梅 雪中梅
맥　麥 보리 맥　麥藁 麥酒 米麥 精麥 秋麥
　　脈 맥 맥　脈絡 脈搏 動脈 靜脈 血脈
맹　孟 맏 맹　孟浪 孟母 孟子 孔孟 論孟
　　盟 맹세할 맹　盟誓 盟誓 盟言 結盟 聯盟
　　盲 소경 맹　盲導犬 盲兒 盲人 聾盲 文盲
　　猛 사나울 맹　猛擊 猛犬 猛禽 猛氣 猛獸
면　面 낯 면　面鏡 面目 面像 假面 對面
　　眠 잠잘 면　眠食 甘眠 嗜眠 睡眠 催眠
　　免 면할 면　免冠 免除 免窮 謀免 無罪放免
　　勉 힘쓸 면　勉力 勉學 勉行 勤勉 電勉 勉勵
　　綿 솜 면　綿工業 綿球 綿內衣 唐木綿 純綿
멸　滅 멸망할 멸　滅菌 滅亡 滅盡 不滅 幻滅
명　名 이름 명　名歌手 名監督 名詞 名譽 校名
　　命 목숨 명　命宮 命令 壽命 運命 革命
　　明 밝을 명　明潔 明鏡 明確 賢明 透明
　　鳴 울 명　共鳴 鷄鳴 悲鳴 耳鳴 鳴禽類
　　銘 새길 명　銘念 銘心 感銘 墓誌銘 座右銘
　　冥 어두울 명　冥冥 冥助 空冥 神冥 暗冥
모　母 어미 모　母系 母親 繼母 父母 姨母
　　毛 털 모　毛孔 毛織物 發毛 脫毛 毛骨悚然
　　暮 저물 모　暮景 暮春 暮色 晚暮 年暮
　　貌 모양 모　模樣 美貌 變貌 外貌 容貌
　　某 아무 모　某件 某校 某國 某某 誰某
　　謀 꾀할 모　謀計 謀略 謀慮 共謀 參謀
　　模 법 모　模刻 模倣 模範 規模 大規模
　　募 뽑을 모　募金 募兵 募集 應募 徵募
　　慕 사모할 모　慕心 慕情 感慕 思慕 欽慕
　　侮 업신여길 모　侮蔑 侮言 侮辱 受侮 侮辱感
　　冒 무릅쓸 모　冒年 冒瀆 冒濫 僞冒 侵冒
　　冒 묵돌 묵　冒頓(묵특 : 漢 匈奴 선우의 이름)
목　目 눈 목　目擊 目錄 科目 項目 眼目

　　木 나무 목　木枏 木手 木材 槁木 抹木
　　牧 기를 목　牧童 牧師 牧豎 牧畜 牧歌的
　　睦 화목할 목　睦友 睦親 和睦 不睦 親睦
몰　沒 빠질 몰　沒刻 沒落 沒收 沈沒 陷沒
몽　夢 꿈 몽　夢中 夢寐 解夢 胎夢 凶夢
　　蒙 어릴 몽　蒙學 蒙古 蒙昧 啓蒙 訓蒙
묘　卯 토끼 묘　卯生 卯時 丁卯 乙卯 己卯
　　妙 묘할 묘　妙計 妙案 巧妙 奇妙 奧妙
　　墓 무덤 묘　墓碣 墓碑 古墓 陵墓 侍墓
　　廟 사당 묘　廟堂 廟社 孔廟 聖廟 宗廟
　　苗 싹 묘　苗根 苗坫 苗木 苗板 移苗
무　務 힘쓸 무　務望 務實 事務 義務 職務
　　戊 천간 무　戊戌 戊申 戊夜 靑戊
　　武 호반 무　武家 武幹 武科 武官 武藝
　　無 없을 무　無價 無料 無慚 全無 虛無
　　舞 춤출 무　舞歌 舞曲 舞劇 舞踊 群舞
　　茂 무성할 무　茂林 茂盛 繁茂 碩茂 暢茂
　　霧 안개 무　霧露 霧散 霧消 濃霧 噴霧
　　貿 무역할 무　貿穀 貿亂 貿易 貿市 貿穉
묵　墨 먹 묵　墨家 墨客 濃墨 紙墨 墨家
　　默 말없을 묵　默讀 默考 默禱 默想 沈默
문　門 문 문　門間 門客 問安 大門 校門
　　問 물을 문　問題 問答 拷問 質問 學問
　　文 글월 문　文件 文格 文書 文章 古文
　　聞 들을 문　聞見 聞得 聞法 新聞 風聞
물　物 만물 물　物價 物資 鑛物 動物 現物
　　勿 말 물　勿禁 勿勿 四勿 勿論 勿驚
미　味 맛 미　味覺 無味 妙味 意味 趣味
　　尾 꼬리 미　尾骨 尾括式 末尾 魚頭肉尾 徹頭徹尾
　　未 아닐 미　未稼動 未勘 未開 未決 未納
　　美 아름다울 미　美觀 美人 美女 美男 美貌 讚美
　　米 쌀 미　米泔 米糠 米穀 供出米 軍糧米
　　迷 미혹할 미　迷見 迷宮 迷途 迷惑 昏迷
　　微 작을 미　微功 微官 微光 微微 稀微
　　眉 눈썹 미　眉間 眉目秀麗 鬂眉 蛾眉 焦眉
민　民 백성 민　民家 民間 民心 國民 農民
　　憫 불쌍히 여길 민　憫悼 憫憐 憫憫 憐憫 惻憫
　　敏 민첩할 민　敏感 敏銳 敏捷 明敏 銳敏 英敏

밀	密 빽빽찰 밀	密契 密告 精密 緻密 密去來
	蜜 꿀 밀	蜜柑 蜜蓋 糖蜜 蜂蜜 蜜柑酒
박	朴 순박할 박	朴鈍 儉朴 素朴 純朴 質朴
	博 넓을 박	博究 博覽 博達 博徒 該博 洪博
	拍 손뼉 칠 박	拍手 拍案 拍掌大笑 間拍 雙拍 弱拍
	泊 배댈 박	淡泊 淳泊 民泊 宿泊 船泊
	迫 핍박할 박	迫擊 迫力 迫阨 强迫 逼迫
	薄 얇을 박	薄衾 薄俸 急迫 野薄 瘠薄
반	反 돌이킬 반	反諫 反感 反對 反抗 相反
	半 반 반	半價 半半 分半 過半 相半
	飯 밥 반	飯羹 飯器 飯床 飯酒 喫飯
	返 돌아올 반	返歌 反却 返納 返送 返還
	盤 쟁반 반	盤據 鍵盤 圓盤 音盤 錚盤
	班 나눌 반	班家 班脈 班列 兩班 高級班
	叛 배반할 반	叛軍 叛起 叛亂 謀叛 背叛
	般 옮길 반	般樂 般若 萬般 一般 許多般
	伴 짝 반	伴侶 伴侶者 同伴 相伴 隨伴
발	發 필 발	發覺 發刊 發見 發賣 旣發
	拔 뺄 발	拔去 拔群 拔擢 奇拔 選拔
	髮 머리털 발	髮膚 髮怨 髮油 怒髮 斷髮
방	方 모 방	方柄 方位 方法 方向 邊方
	訪 찾을 방	訪客 訪求 訪問 來訪 探訪
	防 방비할 방	防奸 防乾 防共 防備 國防
	放 놓을 방	放歌 放哭 放課 放送 決放
	房 방 방	房內 房門 監房 客房 廚房
	邦 나라 방	邦境 邦敎 邦禁 群邦 東邦
	妨 방해할 방	妨碍 妨電 妨害 無妨 相妨
	傍 곁 방	傍刻 傍系 傍觀 兩傍 側傍
	倣 본받을 방	倣刻 倣似 倣此 摸倣 比倣
	芳 꽃다울 방	芳醪 芳日 芳年 蘭芳 芬芳
배	杯 잔 배	杯盤 杯狀 杯酒 擧杯 傾杯 執杯
	拜 절 배	拜見 拜金 叩拜 答拜 參拜 拜上
	倍 곱 배	倍加 倍騰 百倍 免倍 倍達民族
	北 달아날 배	敗北
	北 북녘 북	北魯 北韓 拉北 脫北 北間島
	培 북돋을 배	培根 培植 培養 培土 栽培
	背 등 배	背講 背敎 面背 反背 山背

背 배반할 패		
배	排 물리칠 배	排擊 排擠 排斥 均排 按排
	配 짝 배	配管 配球 配給 交配 分配
	輩 무리 배	輩流 輩出 輩行 無賴輩 先後輩
백	百 일백 백	百仞 望百 半百 百百 數百
	白 흰 백	白曳 白手 白色 蛋白質 淡白
	伯 맏 백	伯母 伯爵 講伯 叔伯 風伯
번	番 차례 번	番房 番番 番床 局番 今番
	飜 뒤집을 번	飜刻 飜曲 飜譯 轉飜 飜飜
	繁 번성할 번	繁柯 繁忙 繁盛 農繁 頻繁
	煩 번거로울 번	煩苛 煩渴 煩惱 煩悶 煩雜
벌	伐 칠 벌	伐柯 伐木 征伐 天伐 徐羅伐
	罰 벌줄 벌	罰金 懲罰 處罰 天罰 刑罰
범	凡 무릇 범	凡人 大凡 非凡 出凡 平凡
	範 법 범	範本 範圍 範疇 規範 模範
	犯 범할 범	犯戒 犯過 犯罪 侵犯 輕犯
법	法 법 법	法家 法律 方法 禮法 刑法
벽	碧 푸를 벽	碧溪 碧潭 藍碧 鮮碧 桑田碧海
	壁 바람벽 벽	內壁 面壁 防壁 岩壁 壁煖爐
변	便 문득 변	便器 便所 便祕 排便 採便
	便 편할 편	便佞 便道 便覽 便利 便法
	變 변할 변	變格 變心 變形 變化 寄變
	邊 가 변	邊境 邊戒 周邊 側邊 直角邊
	辯 말 잘할 변	辯論 辯明 詭辯 達辯 言辯
	辨 분별할 변	辨告 辨理士 辨明 論辨 代辨
별	別 다를 별	別監 別途 鑑別 分別 寄別
병	丙 남녘 병	丙夜 丙了胡亂 丙丁
	兵 군사 병	兵器 兵力 兵法 兵士 兵役
	病 병들 병	病暇 病看護 病缺 病症 疾病
	屛 병풍 병	屛去 屛風 枕屛 畵屛 山水屛
	竝 아우를 병	竝肩 竝力 竝列 竝合 竝行
부	保 보호할 보	保健 保全 保證 保護 確保
	步 걸음 보	步軍 步度 競步 行步 闊步
	報 갚을 보	報告 報恩 答報 豫報 因果應報
	譜 계보 보	系譜 曲譜 族譜 樂譜 畵譜
	補 도울 보	補强 補充 補助 增補 候補
	普 넓을 부	普告 普及 普恩 普通 徧普
	寶 보배 보	寶匣 寶劍 寶物 寶石 國寶

복 復 회복할 복　復古 復仇 復歸 復讎 復習
　復 다시 부　復生 復用 復土 復活 復興
　服 옷 복　服裝 服從 冠服 校服 制服
　伏 엎드릴 복　伏乞 屈伏 俯伏 初伏 降伏
　福 복 복　福利 祈福 冥福 幸福 福笊籬
　卜 점칠 복　卜吉 卜占 賣卜 巫卜 占卜
　複 겹칠 복　複利 複線 複數 複式 複雜 重複
　腹 배 복　腹筋 空腹 同腹 心腹 異腹
　覆 뒤집힐 복　覆蓋 覆面 反覆 飜覆 顚覆
　覆 덮을 부　覆敗 覆蓋 覆載
본 本 근본 본　本家 本據地 本性 根本 資本
봉 逢 만날 봉　逢變 逢福 逢受 相逢 再逢
　奉 받들 봉　奉告 奉祿 奉命 奉事 奉受
　鳳 새 봉　鳳駕 鳳凰 龍鳳 吐鳳 雛鳳
　蜂 벌 봉　蜂群 蜂蠟 蜂蜜 分蜂 養蜂
　峯 봉우리 봉　峯勢 峯崖 峯雲 峯頂 第一峯
　封 봉할 봉　封建 封土 開封 同封 封書 金一封
부 父 아비 부　父系 父君 父親 繼父 神父
　否 아니 부　否決 否運 否定 當否 安否
　扶 도울 부　扶起 扶伏 扶樹 扶養 相扶
　浮 뜰 부　浮刻 浮客 浮誇 浮橋 沈浮
　部 붙을 부　部隊 部落 部分 部署 學部
　婦 며느리 부　婦權 婦女 婦人 新婦 姙産婦
　夫 사내 부　夫君 夫權 夫婦 農夫 馬夫
　富 부자 부　富强 富國 富貴 富者 巨富 猝富
　復 다시 부　復生 復用 復土 復活 復興
　復 회복할 복　復古 復仇 復歸 復讎 復習
　賦 구실 부　賦課 賦役 賦稅 配賦 割賦
　赴 다다를 부　赴擧 赴告 赴救 赴援 赴任
　副 버금 부　副本 副詞 副産物 副賞 副業
　簿 장부 부　簿錄 簿書 名簿 帳簿 鼈主簿
　符 부적 부　符同 符祥 符籍 符號 感歎符 免罪符
　負 짐질 부　負極 負擔 勝負 請負 抱負
　付 줄 부　付度 付命 付書 付送 付與
　附 붙을 부　附加 納附 發附 時限附 添附
　府 마을 부　府君 禁府 政府 春府 胸府
　腐 썩을 부　腐壞 腐爛 腐木 乳腐 陳腐
　覆 뒤집힐 복　覆蓋 覆面 反覆 飜覆 顚覆

　覆 덮을 부　覆敗 覆蓋 覆載
북 北 북녘 북　北辰 北韓 拉北 脫北 北間島
　北 달아날 배　敗北
분 分 나눌 분　分家 分揀 分類 每分 名分
　憤 분할 분　憤慨 憤激 憤氣 激憤 鬱憤
　紛 어지러울 분　紛糾 紛亂 紛霏 內紛 紛紛
　奔 달아날 분　奔馬 奔忙 奔走 放奔 東走西奔
　墳 무덤 분　墳墓 墳山 墳土 古墳 封墳
　奮 떨칠 분　奮激 奮怒 奮發 發奮 興奮
　粉 가루 분　粉匣 粉骨 白粉 染粉 鐵粉
불 不 아닐 불　不屈 不斷 不當 不德 不動
　佛 부처 불　佛家 佛經 佛敎 佛戒 佛陀
　拂 떨 불　拂去 拂拭 拂逆 支拂 滯拂
붕 朋 벗 붕　朋黨 朋友 信朋 良朋 朋友有信
　崩 무너질 붕　崩塌 崩壞 分崩 山崩 天崩
비 悲 슬플 비　悲歌 悲感 悲慨 悲觀 喜悲
　鼻 코 비　鼻腔 鼻骨 鼻厭 耳鼻 耳目口鼻
　飛 날 비　飛閣 飛橋 飛文 飛翔 飛躍
　比 견줄 비　比肩 比高 比較 比例 比率
　非 아닐 비　非決 莫非 似而非 是非 悔非
　備 갖출 비　備考 備禮 俱備 對備 裝備 整備
　妃 왕비 비　妃嬪 貴妃 閔妃 王妃 正妃
　費 소비할 비　費目 費用 管理費 經費 消費
　婢 계집종 비　婢女 婢僕 婢妾 官婢 奴婢
　肥 살찔 비　肥料 肥沃 肥肉 堆肥 天高馬肥
　卑 낮을 비　卑怯 卑屈 卑劣 高卑 野卑
　批 비평할 비　批難 批判 批評 批准 批答
　碑 비석 비　碑文 碑石 記念碑 墓碑 塔碑
　秘 숨길 비　秘訣 秘記 秘文 秘密 秘法
빈 貧 가난할 빈　貧家 貧寠 貧困 貧窮 極貧
　頻 자주 빈　頻度 頻脈 頻發 頻繁 頻頻
　賓 손 빈　賓客 佳賓 國賓 貴賓 來賓
빙 氷 얼음 빙　氷庫 氷菓 氷水 氷河 結氷
　聘 청할 빙　聘禮 聘母 聘父 迎聘 招聘

사 寺 절 사　寺唐 寺格 寺基 寺畓 寺規
　師 스승 사　師家 師團 講師 敎師 曲藝師 看護師
　四 넉 사　四街 四垂 四家 四脚門 張三李四

	仕 벼슬 사	仕加 仕途 出仕 入仕 勤仕
	死 죽을 사	死街 死角 死境 死諫 瀕死
	士 선비 사	士官 士君子 教士 技士 士氣
	使 하여금 사	使氣 使喚 使館 勅使 使鬼錢
	絲 실 사	網絲 繼絲 斷絲 絹絲 混紡絲
	事 일 사	事件 事故 驚事 監事 炊事
	思 생각할 사	思考 意思 妙思 相思 深思
	舍 집 사	舍監 舍廊 舍匿 官舍 驛舍
	史 역사 사	史觀 史家 史館 慘史 祕史
	謝 사례할 사	謝過 謝禮 感謝 致謝 基礎代謝
	巳 뱀 사	巳時 巳正 巳生 巳方 巳年
	私 사사 사	私債 私讎 私感 公私 滅私奉公
	射 쏠 사	射擊 射距離 噴射 步射 反射
	射 맞힐 석	射殺 暗射地圖
	邪 간사할 사	邪交 邪徑 邪見 邪計 斥邪
	邪 어조사 야	邪揄 汙邪 瑯邪(중국지명)
	詞 말씀 사	詞氣 詞腦歌 詞客 獻詞 冠形詞
	蛇 뱀 사	長蛇 毒蛇 蛇蝎 蛇管 殺母蛇
	捨 버릴 사	捨命 捨象 捨家 捨戒 捨身
	賜 줄 사	賜暇 厚賜 賜金 賜杯 賜物
	斜 비낄 사	斜徑 斜坑 斜脚 傾斜 測斜
	詐 속일 사	詐欺 詐巧 奸詐 挾詐 巧詐
	社 모일 사	社交 創社 會社 退社 結社
	沙 모래 사	黃沙 覆沙 沙丘 沙漠 沙工
	司 맡을 사	司令 司直 司法 司會 司祭
	似 같을 사	近似 辨似 恰似 似而非 似類
	祀 제사 사	告祀 忠烈祀 祭祀 祀戶 祀大
	査 조사할 사	內査 搜査 調査 檢査 審査
	寫 베낄 사	寫本 寫象 模寫 記寫 速寫
	辭 말씀 사	辭令 接辭 送辭 激勵辭 空致辭
	斯 이 사	斯界 斯道 斯民 斯文 斯文亂賊
	食 밥 사	食氣 飮之食之
	食 먹을 식	食怯 食頃 過食 穀食 禁食
삭	削 깎을 삭	削減 削官 削磨 添削 削減
	朔 초하루 삭	滿朔 半朔 逐朔 當朔 終朔
	數 자주 삭	數尿症 數脈 數數 數遞
	數 셈 수	段數 單數 度數 等數 斤數
산	山 메 산	山菜 山岳 山脈 山所 山林
	算 셈할 산	計算 通算 決算 電算 豫算
	散 흩을 산	散開 解散 發散 奔散 閑散
	産 낳을 산	産故 財産 早産 破産 生産
살	殺 죽일 살	殺菌 沒殺 自殺 盜殺 絞殺
	殺 감할 쇄	殺到 殺下
삼	三 석 삼	三加 三殤 聖三 三祕蹟 三可宰相
	參 석 삼	參散 參寥 參夷
	參 참여할 참	參禪 參與 參戰 參觀 持參
상	上 위 상	面上 賣上 壇上 進上 急浮上
	尙 오히려 상	尙醞 尙今 尙古 崇尙 嘉尙
	霜 서리 상	霜氣 霜露 砒霜 降霜 秋霜
	商 장사 상	商街 商去來 古物商 海商 都賣商
	相 서로 상	觀相 窮相 宰相 幻相 慘酷相
	常 항상 상	常規 反常 凡常 怪常 恒常
	傷 상할 상	落傷 擦傷 打撲傷 重輕傷 貫通傷
	賞 상줄 상	賞金 褒賞 副賞 觀賞 優等賞
	想 생각할 상	想起 想像 想念 默想 虛想
	喪 잃을 상	問喪 得喪 哀喪 出喪 發喪
	像 형상 상	像形 群像 殘像 畵像 動映像
	床 평상 상	着床 乘床 飯床 酒案床 交子床
	償 갚을 상	報償 補償 賠償 無償 辨償
	詳 자세할 상	昭詳 仔詳 詳考 詳氣 詳論
	狀 형상 상	狀勢 狀態 狀況 陳狀 罪狀 液狀
	狀 문서 장	狀啓 招請狀 報告狀 表彰狀 招待狀
	象 코끼리 상	對象 氣象 表象 異象 現象
	桑 뽕나무 상	農桑 扶桑 扶桑 桑稼 桑椹
	裳 치마 상	衣裳 裳板 上衣 裳裳 裳繡
	祥 상서로울 상	萬祥 發祥 殊祥 符祥 吉祥
	嘗 맛볼 상	品嘗 蒸嘗 嘗藥 嘗試 嘗糞
쌍	雙 둘 쌍	無雙 雙脚 雙鬢 雙駕馬 雙殼類
새	塞 변방 새	要塞 城塞 邊塞 防塞 固塞
	塞 막을 색	窒塞 壅塞 塞窓 塞責 拔本塞源
색	色 빛 색	色覺 色感 色德 貝色 色骨
	索 찾을 색	索引 索敵 摸索 思索 探索
	塞 막을 색	窒塞 壅塞 塞源 塞窓 塞責
	塞 변방 새	要塞 城塞 邊塞 防塞 固塞
생	生 날 생	生角 寄生 傍生 同生 模範生
	省 덜 생	省略 省文 省減 省事 省約

분류	한자	훈음	용례
	省	살필 성	省墓 省察 內省 反省 省悟
서	西	서녁 서	西京 極西 關西 紅東白西 東西古今
	書	글 서	書架 書籍 敎書 官文書 敎科書
	暑	더위 서	寒暑 處暑 暴暑 伏暑 小暑
	序	차례 서	序頭 序文 序幕 序曲 秩序
	署	관청 서	署名 署理 加署 管理署 官公署
	敍	펼 서	敍述 敍景 敍事 秩敍 略敍
	緖	실마리 서	緖言 緖論 頭緖 由緖 緖餘
	庶	여럿 서	庶女 庶幾 庶揆 士庶 嫡庶
	徐	천천히 할 서	徐看 緩徐 緩徐 安徐 疾徐
	恕	용서할 서	恕免 容恕 海恕 宥恕 仁恕
	誓	맹세할 서	宣誓 誓告 誓文 誓詞 誓命
	逝	갈 서	逝去 逝世 逝者 逝川 逝水
석	夕	저녁 석	旦夕 夕刊 夕講 夕麗 夕哭
	石	돌 석	石畫 石瘿 礫石 石螭頭 石家莊
	惜	아낄 석	哀惜 賣惜 惜賣 惜愍 惜別
	昔	옛 석	昔年 昔遊 昔日 昔歲 昔者
	釋	풀 석	釋家 解釋 稀釋 註釋 講釋
	席	자리 석	空席 觀覽席 坐席 客席 末席
	析	쪼갤 석	析出 分析 共析 辨析 解析
	射	맞힐 석	射殺 暗射地圖
	射	쏠 사	反射 放射 噴射 投射 注射
선	仙	신선 선	國仙 神仙 仙家 仙閣 仙駕
	線	실 선	經線 直線 動線 高壓線 地平線
	先	먼저 선	機先 豫先 于先 最優先 先見者
	鮮	고울 선	鮮明 鮮妙 鮮麗 新鮮 生鮮
	船	배 선	船舶 滿船 觀測船 難破船 遭難船
	選	가릴 선	選擧 選出 選擇 大選 間選
	善	착할 선	善計 善果 善道 善行 獨善
	旋	돌 선	旋軍 旋歸 旋律 輪旋 回旋
	宣	베풀 선	宣告 宣敎 宣布 節宣 勅宣
	禪	고요할 선	禪家 禪閣 參禪 禪敎 禪寺 禪宗
설	說	말씀 설	說經 說敎 說得 說明 演說
	說	달랠 세	說駕 說客 說難 遊說 誘說
	說	기쁠 열	悅樂 說喜
	雪	눈 설	雪國 雪景 雪原 北風寒雪 氷雪
	設	베풀 설	設計 設備 設立 改設 施設
	舌	혀 설	舌强 口舌 毒舌 惡舌 喉舌
섭	涉	건널 섭	涉歷 涉獵 涉世 涉外 干涉
	攝	당길 섭	攝動 攝理 兼攝 失攝 包攝
성	姓	성 성	姓系 姓名 各姓 同姓 巨姓
	城	재 성	城閣 城郭 城南 城內 城東
	誠	성실할 성	誠敬 誠金 誠實 精誠 致誠
	省	살필 성	省墓 省察 內省 反省 省悟
	省	덜 생	省略 省文 省減 省事 省約
	成	이룰 성	成格 成功 成就 成事 構成
	聖	성인 성	聖人 聖神 誠信 誠敬 聖堂
	星	별 성	星辰 金星 星光 星斗 星象
	性	성품 성	性格 女性 男性 兩性 陽性
	聲	소리 성	高聲 音聲 混聲 聲樂 聖歌
	盛	성할 성	盛滿 强盛 極盛 蕃盛 旺盛
세	稅	세금 세	稅穀 稅關 稅金 租稅 敎育稅
	世	인간 세	世間 世上 世俗 近世 今世
	歲	해 세	歲客 歲貢 近歲 幾歲 當歲
	細	가늘 세	細苛 細鉅 細莖 細密 詳細
	勢	기세 세	勢家 勢權 權勢 形勢 勢力
	洗	씻을 세	洗肝 洗腦 洗踏 洗禮 洗足
	說	달랠 세	說駕 說客 說難 遊說 誘說
	說	말씀 설	說經 說敎 說得 說明 演說
	說	기쁠 열	悅樂 說喜
소	笑	웃을 소	笑劇 笑談 冷笑 大笑 微笑
	小	작을 소	小數 輕小 極小 矮小 狹小
	少	적을 소	少頃 少女 減少 過少 微少
	所	바 소	所祟 所幹 所感 所見 哨所
	消	끌 소	消却 消渴 消去 取消 解消
	素	바탕 소	素朴 素量 色素 要素 酵素
	蘇	깨어날 소	蘇塗 蘇復 蘇生 蘇醒 蘇魚
	昭	밝을 소	昭鑑 昭光 昭明 昭詳 昭昭
	騷	시끄러울 소	騷動 騷亂 騷然 騷騷 風騷
	燒	불사를 소	燒却 沒燒 焚燒 燃燒 全燒
	訴	소송할 소	訴冤 訴訟 告訴 公訴 起訴
	掃	쓸 소	掃去 掃滅 掃雪 灑掃 淸掃
	召	부를 소	召見 召命 召集 應召 號召
	蔬	나물 소	蔬果 蔬食 蔬菜 春蔬 肴蔬
	疎	성길 소	疎待 疎外 疎籬 疎脫 生疎
속	速	빠를 속	速決 速功 速度 光速 等速

한자	훈음	용례
續	이을 속	續講 相續 手續 接續
俗	풍속 속	俗歌 巫俗 世俗 習俗 風俗
束	묶을 속	束帶 束縛 光束 拘束 約束
屬	붙을 속	屬稿 屬國 屬吏 屬文 屬辭
屬	부탁할 촉	屬客 屬聯 屬令 屬鏤 屬望
粟	조 속	粟奴 粟豆 粟麥 粟米 束帛
孫	손자 손	孫子 孫女 孫婦 長孫 嫡孫
損	덜 손	損壞 損得 損失 損害 減損
送	보낼 송	送客 送舊迎新 送金 送人 運送
松	소나무 송	松栢 孤松 陸松 海松 落落長松
訟	소송할 송	訟理 訟事 訟案 得訟 訴訟
誦	욀 송	誦經 誦功 誦讀 誦詩 暗誦
頌	칭송할 송	頌歌 頌德 頌禱 頌祝 頌辭
刷	인쇄할 쇄	刷掃 刷新 刷新 刷行 印刷
鎖	쇠사슬 쇄	鎖骨 鎖國 封鎖 連鎖 足鎖
殺	감할 쇄	殺到 殺下
殺	죽일 살	殺菌 殺人 自殺 他殺 虐殺
衰	쇠할 쇠	衰減 衰降 衰落 敗衰 興亡盛衰
衰	상복 최	衰麻 衰服 衰経 齊衰
讐	원수 수	讐某 讐石 讐哉 讐差 讐何
愁	근심 수	愁苦 愁亂 愁心 孤愁 愁愁
水	물 수	水道 水筒 淥水 噴水 潴水
手	손 수	手匣 手車 手巾 選手 握手
受	받을 수	受講 受檢 受領 受惠 奉受
數	수 수	數學 數理 單數 度數 等數 斤數
數	자주 삭	數脈 數數 數遞 數尿症
收	거둘 수	收監 收去 收穫 沒收 徵收
守	지킬 수	守疆 守備 守衛 守節 守護
授	줄 수	授權 授記 授賞 講授 敎授 傳授
壽	장수할 수	壽考 短壽 萬壽 夭壽 長壽
雖	비록 수	雖然
樹	나무 수	樹幹 樹木 樹植 樹液 樹下
修	닦을 수	修觀 修交 修女 修能 監修
首	머리 수	魁首 絞首 人首 斬首 行首
秀	빼어날 수	秀傑 秀氣 秀麗 閨秀 俊秀
須	모름지기 수	須髮 須要 須知 公須 必須
獸	짐승 수	獸類 獸手 獸心 怪獸 百獸
遂	마침내 수	遂事 遂成 遂行 未遂 完遂
睡	잠잘 수	睡蓮 睡魔 睡眠 深睡 寢睡
輸	보낼 수	輸納 輸卵管 輸送 密輸 運輸
殊	다를 수	殊功 殊技 殊錬 殊常 特殊
帥	장수 수	帥臣 帥長 魁帥 元帥 總帥
需	쓸 수	需求 需給 需要 必需 婚需
隨	따를 수	隨感 隨機 隨力 常隨 夫唱婦隨
囚	죄인 수	囚禁 囚獄 輕囚 放囚 罪囚
垂	드리울 수	垂敎 垂釣 垂眷 耳垂 懸垂
搜	찾을 수	搜檢 搜求 搜得 搜査 偏搜
淑	맑을 숙	淑女 淑德 純淑 靜淑 賢淑
宿	잠잘 숙	宿憾 宿館 宿醉 露宿 混宿
叔	아재비 숙	叔母 叔父 堂叔 外叔 從叔
肅	엄숙할 숙	肅敬 肅白 嚴肅 自肅 靜肅
熟	익을 숙	熟考 能熟 半熟 親熟 成熟期
孰	누구 숙	孰慮 孰成 孰若 孰哉 孰知
順	따를 순	順從 順次 順序 不順 手順
純	순수할 순	純潔 純朴 單純 溫純 淸純
循	돌 순	循例 循次 循行 循環
巡	순행할 순	巡檢 巡更 巡行 巡察 初巡
瞬	눈 깜짝할 순	瞬刻 瞬間 一瞬 轉瞬 瞬間的
殉	따라죽을 순	殉公 殉國 殉敎 殉敎者 殉葬
旬	열흘 순	旬刊 旬望 旬朔 下旬 八旬
脣	입술 순	脣吻 口脣 上脣 平脣 脣輕音
戌	개 술	戌年 戌生 戌時 甲戌 戊戌
術	재주 술	術法 術數 術策 技術 手術
述	베풀 술	述語 述懷 具述 記述 陳述
崇	숭상할 숭	崇儉 崇高 崇臺 崇仰 隆崇
習	익힐 습	習慣 復習 演習 豫習 學習
拾	주을 습	拾級 拾得 拾掇 捃拾 收拾
濕	젖을 습	濕氣 濕度 乾濕 防濕 陰濕
襲	엄습할 습	襲擊 襲攻 急襲 奇襲 猛襲
勝	이길 승	勝果 勝利 勝負 健勝 決勝
乘	탈 승	乘降 乘客 同乘 百乘 二人乘
承	이을 승	承諾 承認 繼承 代承 傳承
昇	오를 승	昇降 上昇 西昇 離昇 昇降機
僧	중 승	僧戒 僧侶 巨僧 高僧 女僧
時	때 시	時刻 時間 時期 得時 卽時
市	저자 시	市價 市區 都市 證市 出市

詩 시 시	詩歌 詩感 詩人 作詩 漢詩
示 보일 시	示角 示教 示導 默示 表示
始 시작할 시	始價 始球 始期 始作 始終
試 시험할 시	試驗 缺試 高試 應試 入試
是 이 시	是非 是非調 本是 如是 必是
施 베풀 시	施講 施工 施設 施行 報施
視 볼 시	視覺 瞰視 亂視 蔑視 凝視
侍 시중할 시	侍女 侍婢 侍童 侍衛 侍中
矢 화살 시	矢服 矢石 矢鏃 弓矢 嚆矢
씨 氏 성씨 씨	氏穀 氏名 氏族 某氏 無名氏
식 植 심을 식	植毛 植木 植物 混植 植樹
食 먹을 식	食客 食堂 食道 食性 食慾
食 밥 사	食氣 飮之食之
式 법 식	式臺 公式 方式 等式 儀式
識 알 식	識見 識達 識德 免無識 無識
識 기록할 지	謹識
飾 꾸밀 식	飾帶 過飾 服飾 裝飾 虛禮虛飾
息 숨 쉴 식	息怒 生息 消息 令息 休息
신 新 새로울 신	新刊 新式 更新 斬新 革新
身 몸 신	身檢 身體 單身 代身 渾身
信 믿을 신	信實 信用 盲信 書信 通信
神 신 신	神堂 神靈 神祕 神學 精神
臣 신하 신	臣道 臣僚 臣民 臣下 使臣
辛 매울 신	辛苦 辛勤 辛辣 辛味 辛酸
申 잔나비 신	申戒 申告 上申 戊申 回申
伸 펼 신	伸訴 伸冤 伸展 得伸 追伸
愼 삼갈 신	愼口 愼慮 愼重 謙愼 謹愼
晨 새벽 신	晨光 晨明 晨星 迎晨 早晨
辰 별 신(진)	生辰 辰星 令辰 誕辰 日月星辰
실 室 집 실	室內 教室 講義室 應接室 美容室
失 잃을 실	失脚 失格 失禮 失策 喪失
實 열매 실	實感 實際 實見 果實 口實
심 心 마음 심	心境 心理 心術 觀心 掛心
深 깊을 심	深刻 深境 深戒 深念 深到
甚 심할 심	甚急 甚難 甚密 極甚 莫甚
尋 찾을 심	尋究 尋問 尋訪 尋思 硏尋
審 살필 심	審檢 審查 審理 審判 未審
십 十 열 십	十角形 幾十 二十 五十 七十
아 我 나 아	我軍 自我 物我 他我 彼我
兒 아이 아	兒童 孤兒 棄兒 混血兒 悖倫兒
芽 싹 아	麥芽 發芽 胎芽 萌芽 胚芽
亞 버금 아	亞鉛 亞細亞 東南亞 露西亞 亞高山帶
雅 아담할 아	雅故 雅健 端雅 優雅 淸雅
餓 배 주릴 아	餓鬼 飢餓 餓倒 餓狼 餓鬼病
牙 어금니 아	牙關 爪牙 齒牙 象牙 盤牙
악 惡 사악할 악	發惡 肆惡 獰惡 兇惡 社會惡
惡 미워할 오	惡心 惡阻 惡寒 好惡
岳 큰 산 악	山岳 峻岳 岳頭 岳丈 晨岳
樂 풍류 악	樂府 樂章 樂工 樂聖 音樂
樂 즐길 락	樂園 樂土 歡樂 苦樂 雲雨之樂
樂 좋아할 요	樂山樂水
안 顔 얼굴 안	顔料 顔面 苦顔 嬌顔 童顔
案 책상 안	案件 案內 案內書 圖案 對案
安 편안할 안	公安 平安 便安 保安 問安
眼 눈 안	炯眼 千里眼 着眼 慧眼 眼鏡
岸 언덕 안	海岸 岸壁 岸畔 沿岸 沙岸
雁 기러기 안	回雁 雁報 當雁 木雁 雁書
알 謁 아뢸 알	拜謁 謁見 伏謁 朝謁 迎謁
암 巖 바위 암	巖石 巖山 矗巖 沙巖 鎔巖 石灰巖
暗 어두울 암	暗轉 暗計 暗去來 黑暗 明暗 暗褐色
압 壓 누를 압	壓倒 氣壓 變壓 指壓 强壓 高血壓
押 누를 압	押留 押領 押署 押收 押送
앙 仰 우러를 앙	信仰 渴仰 尊仰 欽仰 推仰
央 중앙 앙	中央
殃 재앙 앙	殃及 殃罰 殃戮 百殃 災殃
애 愛 사랑할 애	博愛 令愛 親愛 母性愛 同志愛
哀 슬플 애	悲哀 哀乞 哀慶 哀歌 哀告
涯 물가 애	涯限 涯際 涯過 涯角 生涯
액 額 이마 액	額面 小額 增額 金額 支給額 納稅額
厄 재앙 액	厄年 厄運 幽厄 災厄 厄日
야 野 들 야	平野 分野 曠野 荒野 林野
夜 밤 야	徹夜 初夜 除夜 前夜 熱帶夜
也 어조사 야	也歟 也耶 也無妨 及其也 大也
耶 어조사 야	耶孃 耶許 也耶
약 藥 약 약	藥房 藥局 醫藥 痲藥 膏藥 農藥
弱 약할 약	懦弱 强弱 病弱 衰弱 柔弱

若	만약 약	若干 萬若 若年 老弱者 泰然自若
約	약속할 약	約款 約略 約物 誓約 公約
躍	뛸 약	躍動 躍進 跳躍 活躍 一躍

양
洋	바다 양	洋書 洋服 洋畵 西洋 遠洋
讓	사양할 양	讓渡 辭讓 謙讓 移讓 分讓
陽	볕 양	陽地 陰陽 陽村 陽刻 夕陽
羊	양 양	羔羊 緬羊 檻羊 犬羊 羊角
養	기를 양	養鷄 供養 罷養 素養 收養
揚	날릴 양	揭揚 激揚 止揚 抑揚 讚揚
樣	모양 양	樣相 樣式 樣態 模樣 文樣
壤	흙 양	壤地 壤土 膏壤 沃壤 土壤
楊	버들 양	垂楊 綠楊 楊柳 楊梅 楊貴妃

어
魚	고기 어	魚鰾 乾魚 雜魚 釋魚 木魚 觀賞魚
漁	고기 잡을 어	漁具 漁父 漁歌 出漁 豊漁
語	말씀 어	語幹 語感 語句 慣用語 公用語
於	어조사 어	於腹 於半 於福點
御	모실 어	制御 崩御 駕御 御街 御街

억
億	억 억	億劫 億兆 數億 億年 億萬長者
憶	기억할 억	憶測 追憶 記憶 憶念 憶舊
抑	누를 억	抑留 抑佛 抑賣 抑買 節抑

언
| 言 | 말씀 언 | 言及 言根 言權 言敎 言輕 |
| 焉 | 어조사 언 | 焉敢 焉烏 缺焉 烏焉 焉敢生心 |

엄
| 嚴 | 엄할 엄 | 嚴峭 嚴祕 嚴薇 嚴苛 嚴刻 嚴勘 |

업
| 業 | 일 업 | 業界 職業 作業 農業 漁業 |

여
如	같을 여	如干 如舊 如今 如來 如如
余	나 여	余那山 余等 余輩 余月
汝	너 여	汝等 汝輩 汝窯 汝矣島 汝刀干
餘	남을 여	餘窠 餘醒 餘暇 餘角 餘個
與	줄 여	與件 與格 與果 與圈 與黨
予	나 여	予曰 予奪 分予 予告
輿	수레 여	輿論 輿駕 輿梁 輿輦 輿祿

역
亦	또 여	亦可 亦是 亦然 亦如是 亦參其中
逆	거스를 역	逆境 逆光 逆攻 嘔逆 莫逆
易	바꿀 역	貿易 變易 交易 易名 易不得
易	쉬울 이	易眚 易行 易易 簡易 靴易
疫	전염병 역	檢疫 免疫 紅疫 疫鬼 疫病
驛	역마 역	驛館 鐵道驛 終着驛 電鐵驛 簡易驛
役	부릴 역	役官 代役 奴役 軍役 端役

| 域 | 지경 역 | 區域 共同水域 地域 流域 職域 |
| 譯 | 통역할 역 | 飜譯 譯本 國譯 誤譯 同時通譯 |

연
煙	연기 연	煤煙 禁煙 吸煙 喫煙 煙景
硏	연구할 연	硏究 硏考 硏鑽 硏磨 硏修
然	그럴 연	然則 然否 然後 然諾 然而
燕	제비 연	燕居 燕遊 燕息 燕聞 燕尾服
燃	불탈 연	燃燈 燃料 再燃 燃力 燃爐
演	연기할 연	演劇 客演 講演 出演 公演
鉛	납 연	鉛槧 鉛毒 鉛鑛 白鉛 測深鉛
延	끌 연	延見 延期 延命 延長 延接
軟	연할 연	軟膏 軟骨 軟熟 軟風 淸軟
沿	물따라 갈 연	沿度 沿邊 沿線 沿習 沿海
宴	연회 연	宴歌 宴樂 宴禮 宴會 宴喜 壽宴
緣	인연 연	緣分 緣故 奇緣 內緣 因緣

열
熱	뜨거울 열	熱誠 身熱 熱力學 敎育熱 熱射病
悅	기쁠 열	悅樂 感悅 大悅 喜悅 歡悅
說	말씀 설	說經 說敎 說得 說明 演說
說	달랠 세	說駕 說客 說難 遊說 誘說
閱	검열할 열	閱覽 閱世 閱月 閱人 大閱

염
炎	불꽃 염	炎氣 炎症 炎旱 光炎 火炎
鹽	소금 염	鹽干 鹽氣 鹽田 食鹽 竹鹽
染	물들 염	染料 染色 染毛 感染 傳染

엽
| 葉 | 입 엽 | 葉綠素 葉書 葉錢 大葉 紅葉 |

영
榮	영화로울 영	榮冠 榮農 榮譽 榮華 繁榮
永	영원할 영	永劫 永訣 永遠 永才 永永
英	영웅 영	英傑 英敏 英雄 英才 繁英
迎	맞을 영	迎見 迎賓 新迎 歡迎 送舊迎新
影	그림자 영	影像 影殿 影響 幻影 影印本
泳	헤엄칠 영	泳法 背泳 水泳 遊泳 蝶泳
營	경영할 영	營內 經營 軍營 入營 自營
映	영화 영	映島 映畵 上映 透映 輝映
詠	읊은 영	詠歌 詠頌 詠詩 舞詠 芳詠

예
藝	기예 예	藝能 藝術 工藝 技藝 文藝
豫	기쁠 예	豫覺 豫感 豫見 猶豫 悅豫
譽	명예로울 예	譽聲 光譽 空譽 名譽 榮譽
銳	날카로울 예	銳角 銳氣 銳利 精銳 尖銳

오
| 吾 | 나 오 | 吾儕 吾家 吾君 吾黨 眞吾 |
| 五 | 나섯 노 | 五角 五感 五穀 五德 五福 |

	漢字	訓音	用例
	午	낮 오	午間 午鷄 午夢 午後 正午
	悟	깨달을 오	悟達 悟得 悟性 改悟 得悟
	誤	그릇될 오	誤見 誤決 誤答 過誤 鈴誤
	烏	까마귀 오	烏石 烏竹 靈烏 三足烏 烏忌日
	嗚	탄식할 오	嗚咽 嗚泣 嗚嗚 噫嗚 嗚呼痛哉
	娛	즐거워할 오	娛樂 娛神 歡娛 喜娛 娛樂室
	汚	더러울 오	汚穢 汚垢 汚名 汚物 濁汚
	傲	거만할 오	傲氣 傲慢 傲霜孤節 倨傲 侈傲
	惡	미워할 오	惡心 惡阻 惡寒 好惡
	惡	사악할 악	發惡 社會惡 肆惡 獰惡 兇惡
옥	屋	집 옥	屋角 屋蓋 屋內 家屋 舍屋
	玉	구슬 옥	玉几 冠玉 瓊玉 豊玉 翡翠玉
	獄	감옥 옥	獄苦 獄門 監獄 地獄 煉獄
온	溫	따뜻할 온	溫暖 溫埃 溫涼 氣溫 冷溫
옹	翁	늙은이 옹	翁媚 翁主 老翁 外翁 村翁
	擁	안을 옹	擁立 擁護 相擁 圍擁 抱擁
와	臥	누울 와	臥見 臥龍 起臥 病臥 坐臥
	瓦	기와 와	瓦家 瓦甌 掛瓦 甓瓦 獸面瓦
완	完	마칠 완	完結 完固 完工 完全 補完
	緩	느릴 완	緩曲 緩急 徐緩 迂緩 弛緩
왈	曰	말할 왈	曰可曰否 曰字 曰牌 予曰 或曰
왕	王	임금 왕	王家 王權 王位 王座 君王
	往	갈 왕	往年 往來 未往 右往左往 往古今來
외	外	바깥 외	外廁 外家 外部 對外 權限外
	畏	두려워할 외	畏怯 畏敬 憺畏 憂畏 尊畏
요	要	중요할 요	要綱 要件 要求 重要 必要
	搖	흔들 요	搖撼 搖籃 搖動 搖亂 動搖
	謠	노래 요	俗謠 歌謠 農謠 童謠 民謠
	腰	허리 요	腰間 腰骨 腰帶 腰痛 細腰
	遙	멀 요	遙望 遙遙 遙遠 遙度 逍遙
	樂	좋아할 요	樂山樂水
	樂	즐길 락	樂園 樂土 歡樂 苦樂 雲雨之樂
	樂	풍류 악	樂府 樂章 樂工 樂聖 音樂
욕	欲	하고자할 욕	欲求 欲念 欲忘 意欲 情欲
	浴	목욕할 욕	浴童 沐浴 入浴 混浴 山林浴
	辱	욕할 욕	辱說 苦辱 屈辱 凌辱 侮辱
	慾	욕심 욕	慾氣 慾望 慾心 愛慾 獨占慾
용	用	쓸 용	用件 用器 盜用 燈用 使用
	容	얼굴 용	容觀 容量 容貌 容顔 收容
	勇	용감할 용	勇敢 勇氣 勇斷 勇猛 匹夫之勇
	庸	떳떳할 용	庸劣 庸夫 登庸 凡庸 中庸
우	宇	집 우	宇內 宇宙 一宇 天宇 宇宙船
	憂	근심할 우	憂哭 憂國 憂鬱 解憂 患憂
	右	오른 우	右軍 右翼 極右 左右 男左女右
	雨	비 우	雨期 雨備 雨繖 强雨 驟雨
	友	벗 우	友軍 交友 德友 朋友 親友
	牛	소 우	牛角 犍牛 牽牛 九牛 蝸牛
	又	또 우	又賴 又曰 又重之 又況
	遇	만날 우	遇待 遇合 遇害 薄遇 遭遇
	尤	더욱 우	尤極 尤甚 尤異 殊尤 悔尤
	于	어조사 우	于歸 于今 于先 于勒 于山國
	羽	깃 우	羽旄 肩羽 鷄羽 羽調 一羽
	愚	어리석을 우	愚見 愚男 愚女 愚鈍 大愚
	優	우수할 우	優待 優等 優良 優勢 大優
	郵	우편 우	郵館 郵便 郵書 郵送 郵遞局
	偶	짝 우	偶發 偶然 偶數 佳偶 配偶者
운	雲	구름 운	雲雨 雲海 孤雲 奇雲 暗雲
	云	이를 운	云云 云爲 云謂 或云 不知所云
	運	옮길 운	運樞 運搬 運數 吉運 大運
	韻	운치 운	韻文 韻律 頭韻 押韻 音韻
웅	雄	웅장할 웅	雄强 雄建 雄傑 雌雄 英雄
원	圓	둥글 원	圓形 圓筒 楕圓 一圓 同心圓
	遠	멀 원	遠感 遠景 遠隔 敬遠 遠距離
	怨	원망할 원	怨望 怨讎 怨恨 忿怨 解怨
	願	원할 원	願望 所願 民願 祝願 出願
	原	근원 원	原價 原刊 原來 起原 抗原
	園	동산 원	園耕 園頭 庭園 果樹園 幼稚園
	元	으뜸 원	紀元 根元 單元 復元 高次元
	員	인원 원	員內 人員 定員 會員 公務員
	援	도울 원	援救 援軍 援助 應援 支援
	源	근원 원	源泉 供給源 根源 淵源 資源
	院	집 원	法院 病院 議院 學院 考試院
월	月	달 월	月刊 月間 一月 歲月 當月
	越	뛰어넘을 월	越江 越等 秀越 優越 卓越
위	位	자리 위	位格 位階 單位 地位 職位
	危	위험할 위	危境 危殆 危險 安危 虛危

爲 할 위	爲國 爲待 爲力 無爲 行爲	
偉 위대할 위	偉擧 偉大 偉力 秀偉 英偉	
威 으를 위	威德 威靈 威脅 權威 黨威	
緯 씨줄 위	緯度 緯書 經緯 北緯 南緯	
胃 위장 위	胃壁 胃病 胃臟 脾胃 胃癌	
圍 에워쌀 위	圍籬 圍立 範圍 周圍 包圍	
委 맡길 위	委員 委託 委任 委囑 信委	
衛 호위할 위	衛國 衛兵 屯衛 擁衛 親衛	
違 어길 위	違憲 違法 違期 違背 無違	
慰 위로할 위	慰靈 慰勞 慰問 弔慰 安慰	
謂 말할 위	可謂 所謂 云謂 或謂 此所謂	
僞 거짓 위	僞造 僞幣 眞僞 正僞 虛僞	

유

唯 오직 유	唯獨 唯物 唯心 諾唯 唯唯諾諾	
油 기름 유	油價 輕油 石油 原油 潤滑油	
幼 어릴 유	幼君 幼兒 幼年 幼少 長幼	
有 있을 유	公有 國有 保有 所有 占有	
遊 놀 유	遊客 遊擊 遊覽 經遊 周遊	
由 말미암을 유	由來 經由 理由 自由 歸責事由	
遺 남길 유	遺家族 遺憾 遺骨 遺物 遺事	
柔 부드러울 유	柔弱 柔軟 溫柔 懷柔 外剛內柔	
酉 닭 유	酉年 酉時 己酉 乙酉 丁酉	
猶 같을 유	猶女 猶豫 猶太敎 猶恐不及 猶爲不足	
儒 선비 유	儒家 儒敎 儒生 坑儒 崇儒	
幽 그윽할 유	幽客 幽谷 幽獨 幽靈 幽處 尋幽	
惟 생각할 유	惟獨 惟一 恭惟 伏惟 思惟	
維 이을 유	維綱 維新 維持 國維 天維	
乳 젖 유	乳菓 牛乳 原乳 乳酸菌 脫脂乳	
裕 넉넉할 유	裕寬 裕福 裕餘 裕足 豐裕	
誘 꾀일 유	誘客 誘拐 誘導 勸誘 敎誘	
悠 한가할 유	悠久 悠揚 悠然 悠悠自適 蕩蕩悠悠	
愈 나을 유	愈愚 愈愈 小愈 愈出 愈怪	
愉 기뻐할 뉴	愉快 愉忱 愉樂	

육

肉 고기 육	肉感 肉體 鷄肉 狗肉 酒池肉林	
育 기를 육	育成 敎育 肥育 養育 訓育	

윤

潤 윤택할 윤	潤光 潤氣 潤色 潤濕 潤屋	
閏 윤날 윤	閏年 閏朔 閏位 閏集 閏秒	

은

恩 은혜 은	恩顧 恩功 感恩 土恩 知恩	
銀 은행 은	銀舡 銀鏡 銀坑 銀甲 銀價	

隱 숨을 은	隱祕 隱居 隱格 隱結 隱隱	
乙 새 을	乙骨 乙覽 乙科 乙吉干 甲乙	
音 소리 음	音價 音階 音感 短音 得音	
吟 읊을 음	吟哦 吟客 吟曲 吟味 吟誦	
陰 그늘 음	陰地 陰祕 陰乾 寸陰 光陰	
飮 마실 음	飮毒 飮器 飮料 飮樂 過飮	
淫 음란할 음	淫媒 淫談 淫氣 淫巧 淫姦	
邑 고을 읍	邑里 邑吏 邑民 邑內 邑事務所	
泣 울 읍	泣顔 泣涕 感泣 哭泣 號泣	
應 대답할 응	應感 應急 反應 報應 對應	
凝 엉길 응	凝結 凝固 凝血 凝體 凝滯	
醫 의원 의	醫科 醫局 韓醫 主治醫 檢疫醫	
意 뜻 의	意見 意思 意義 意中 疑意 同意	
衣 옷 의	衣冠 衣裳 壽衣 布衣 內衣	
依 의지할 의	依例 依據 信依 依歸 依舊	
義 옳을 의	義警 義擧 義理 義士 忠義	
議 의논할 의	議件 議決 議故 會議 決議	
矣 어조사 의	矣夫 矣外 矣任 矣哉 矣乎	
儀 거동 의	儀觀 儀禮 謝儀 賻儀 祭儀	
疑 의심할 의	疑見 疑結 疑忌 嫌疑 疑懼心	
宜 마땅할 의	宜當 宜德 便宜 物宜 機宜	
二 둘 이	二刻 二慳 二件法 唯一無二 身土不二	
以 써 이	以降 所以 以琴心挑 以功報功	
異 다를 이	異見 異系 輪異 神異 特異	
移 옮길 이	移去 移管 移監 搬移 推移	
耳 귀 이	耳殼 耳目 耳鼻 掩耳 俗耳	
已 이미 이	已決 已久 已甚 已事 已歸	
而 말 이을 이	而今 而立 而後 而已 然而	
夷 오랑캐 이	夷界 夷滅 夷蠻 夷昧 華夷	
易 쉬울 이	易與耳 易融性 容易 難易 平易	
易 바꿀 역	易理 易書 易俗 易數 易者	
益 더할 익	益言 收益 誘益 權益 益壽	
翼 날개 익	翼面 扶翼 協翼 翼端 翼廊	
忍 참을 인	忍耐 忍苦 强忍 容忍 殘忍	
因 인힐 인	因公 基因 病因 敗因 因果關係	
人 사람 인	人種 人口 人名 人員 求人	
印 도장 인	印刻 印契 印鑑 封印 印刊	
引 이끌 인	引據 引牽 引受 引水 割引	

음	한자	훈음	용례
	仁	어질 인	仁道 仁愛 仁政 仁德 殺身成仁
	認	인정한 인	認可 認識 認服 法認 承認
	寅	범 인	寅年 寅念 寅亮 寅末 寅時
	姻	혼인할 인	姻叔 姻姪 姻親 婚姻 姻戚間
일	日	날 일	日刊 終日 公布日 國慶日 記念日
	一	한 일	一走 均一 萬一 單一 兩者擇一
	逸	뛰어날 일	逸念 逸居 逸民 逸群 安逸
임	壬	천간 임	壬年 壬申 壬亂 壬方 壬時
	任	맡길 임	委任 信任 任期 不適任 無責任
	賃	품삯 임	賃金 賃貸 賃借 運賃 賃加工
입	入	들 입	納入 大入 介入 無斷出入 感情移入
자	子	아들 자	子宮 契子 僮子 子弟 子女
	自	스스로 자	各自 自癒 自覺 自決 自愧
	字	글자 자	字畫 字間 漢字 闕字 破字
	者	사람 자	話者 經驗者 居住者 管理者 觀察者
	姉	누이 자	姉妹 長姉 姉夫 姉兄 姉氏
	慈	인자할 자	慈堂 仁慈 孝慈 大慈 慈憐
	資	재물 자	資格 出資 增資 融資 投資
	姿	맵시 자	姿色 姿勢 姿態 姿容 雄姿
	刺	찌를 자	刺客 刺戟 刺激 刺空 諷刺
	玆	이 자	今玆 玆白 玆氏
	恣	방자할 자	恣質 放恣 侵恣 壇恣 恣意性
	紫	자색 자	多紫 紫葳 紫鏡 紫極 紫根
작	作	지을 작	輪作 盜作 名作 發作 當選作
	昨	어제 작	昨年 昨今 昨報 昨冬 昨非
	酌	짐작할 작	酌定 參酌 自酌 前酌 對酌 斟酌
	爵	벼슬 작	爵位 天爵 朝爵 榮爵 爵祿
잔	殘	남을 잔	衰殘 相殘 殘居 殘更 殘高
잠	潛	잠길 잠	潛居 潛攻 潛潛 沈潛 潛迹
	暫	잠깐 잠	暫時 暫間 暫留 暫逢 暫見
잡	雜	잡될 잡	挾雜 複雜 錯雜 醜雜 煩雜
장	長	길 장	長壽 長者 長歌 村長 家長
	將	장수 장	將棊 將軍 將校 猛將 名將
	場	마당 장	場內 場面 職場 牧場 賣場
	章	글 장	章節 章擧 勳章 文章 樂章
	壯	장할 장	壯骨 壯觀 壯年 健壯 雄壯
	丈	어른 장	丈母 丈夫 聘丈 主人丈 椿府丈
	障	막힐 장	智障 五障 天障 障礙 障壁
	臟	오장 장	臟器 肝臟 五臟 內臟 臟出血
	獎	권장할 장	獎勵 勸獎 獎勵賞 獎學金 勸獎量
	張	베풀 장	張燈 張本 膨張 誇張 擴張 緊張
	裝	꾸밀 장	裝飾 裝甲 端裝 男裝 鞍裝 重武裝
	藏	감출 장	貯藏 閉藏 包藏 冷藏 無盡藏 藏經閣
	帳	휘장 장	帳內 帳幕 揮帳 通帳 單語帳
	腸	창자 장	腸管 腸骨 腎腸 盲腸 脫腸
	墻	담 장	墻壁 土墻 面墻 隔墻 短墻
	葬	장사지낼 장	葬禮 葬儀 埋葬 合葬 生埋葬 暗埋葬
	莊	씩씩할 장	莊嚴 別莊 嚴莊 宏莊 山莊
	粧	단장할 장	粧飾 粧點 粧面 粧鏡 丹粧
	掌	손바닥 장	掌匣 拍掌 管掌 合掌 仙人掌
	狀	문서 장	狀啓 招請狀 報告狀 表彰狀 招待狀
	狀	형상 상	狀勢 狀態 狀況 陳狀 罪狀 液狀
재	在	있을 재	實在 存在 內在 介在 偏在
	再	또 재	再改 再加 再次 再燔 再發
	財	재물 재	財團 家財 積財 橫財 生産財
	材	재목 재	材器 材力 材料 骨材 主材
	才	재주 재	秀才 天才 鬼才 多才 人才
	栽	심을 재	栽培 栽挿 盆栽 植栽 栽培法
	哉	어조사 재	快哉
	災	재앙 재	災難 人災 救災 産災 病蟲災
	裁	마를 재	裁斷 裁減 裁決 決裁 獨裁
	載	실을 재	載量 載道 登載 具載 載錄
	齊	재계할 재	整齊 均齊 齊給 齊國 齊均
	齊	가지런할 제	齊家 齊敬 齊等 齊民 齊宿
	宰	재상 재	宰相 宰木 宰官 宰殺 宰木
쟁	爭	다툴 쟁	爭權 爭利 爭窺 戰爭 競爭
저	貯	쌓을 저	貯穀 貯金 積貯 貯鑛 貯金筒
	低	낮을 저	低價 低減 低空 低開發 高低
	著	드러날 저	著見 著明 著名 著落 著書
	底	바닥 저	底稿 底力 底邊 基底 底部
	抵	막을 저	抵達 抵當 抵當物 抵當權 根抵當
	諸	어조사 저	
	諸	모두 제	諸家 諸客 諸君 諸般 諸邑 諸將
적	的	과녁 적	的見 的當 的歷 的然 的實
	赤	붉을 적	赤色 赤土 赤衣 赤血球 赤軍

음	한자	훈·음	용례
	適	갈 적	適格 適觀 適歸 快適 悠悠自適
	敵	원수 적	敵讎 敵國 敵愾 劇敵 天敵
	寂	적막할 적	寂滅 寂寞 寂念 岑寂 心心破寂
	籍	서적 적	書籍 黨籍 國籍 戶籍 除籍
	積	쌓을 적	積塊 積功 積穀 容積 見積
	績	길쌈 적	治績 功績 業績 行績 斷面績
	賊	도둑 적	賊徒 逆賊 山賊 盜賊 外賊 義賊
	摘	딸 적	摘奸 摘果 摘記 摘發 指摘
	跡	발자취 적	跡捕 潛跡 行跡 足跡 古跡
	滴	물방울 적	滴瀝 滴定 硯滴 汗滴 點滴
전	典	법 전	典範 古典 字典 法典 出典 辭典
	前	앞 전	前脚 前鑑 直前 目前 風前燈火
	田	밭 전	田家 鹽田 油田 寺田 火田
	全	온전할 전	全人 全國 健全 萬全 安全
	錢	돈 전	紙錢 佛錢 換錢 金錢 鑄錢
	展	전시할 전	展示 展開 開展 發展 進展
	戰	전쟁 전	戰鬪 戰爭 作戰 觀戰 出戰 休戰
	電	전기 전	電氣 電車 發電 放電 無電 送電
	專	오로지 전	專攻 專決 專屬 專門 專有
	轉	구를 전	轉嫁 轉科 轉居 公轉 廻轉
	傳	전할 전	傳家 傳簡 傳經 傳係 史傳
	殿	대궐 전	殿閣 殿堂 便殿 內殿 大雄殿
절	絶	끊을 절	絶景 絶澗 中絶 距絶 斷絶
	節	마디 절	節氣 節序 骨節 屈節 變節
	折	꺾을 절	折桂 九折 骨折 屈折 挫折
	切	끊을 절	切感 切開 品切 親切 不適切
	切	모두 체	一切
	竊	훔칠 절	竊盜 竊念 剽竊 竊鈇之疑 竊鉤者誅
점	店	점포 점	店鋪 開店 賣店 本店 免稅店
	漸	점차 점	漸加 漸減 漸高 漸劇 漸近
	占	점칠 점	占居 占卦 占領 占得 獨寡占
	點	점 점	點檢 點考 點景 點計 攻擊點
접	接	맞을 접	接客 接見 接境 近接 父接
	蝶	나비 접	蝶泳 蝶形 蝶兒 蝶舞 蝶夢
정	正	바를 정	正價 正刻 較正 公正 檢正
	井	우물 정	井間 井田 溫井 市井 井間紙
	淨	깨끗할 정	淨潔 淸淨 洗淨 白淨 淨界
	定	정할 정	定價 定界 內定 國定 固定
	丁	고무래 정	丁艱 丁口 丁寧 丁年 兵丁
	停	머무를 정	停柩 停啓 停啓 停刊 停車場
	庭	정원 정	庭球 家庭 校庭 法庭 庭階
	政	정치 정	政見 行政 攝政 暴政 法政
	精	세밀할 정	精潔 授精 精覺 精覈 俗精
	情	정감 정	情感 情曲 感情 同情 激情
	貞	곧을 정	貞潔 貞固 貞德 童貞 忠貞
	頂	꼭대기 정	頂端 頂門 絶頂 登頂 天頂
	靜	고요할 정	靜居 靜景 靜嘉 平靜 安靜
	亭	정자 정	亭午 亭子 亭閣 亭主 淸澗亭
	訂	바로잡을 정	訂正 訂約 校訂 改訂 修訂
	廷	조정 정	廷論 開廷 休廷 退廷 公判廷
	程	법 정	程度 規程 課程 科程 長程 過程
	征	칠 정	征伐 遠征 親征 征躪 出征
	整	정돈할 정	整頓 整列 調整 修整 補整
제	弟	아우 제	弟夫 弟嫂 師弟 妹弟 兄弟
	第	차례 제	第館 第舍 第三者 第三國 第一流
	製	지을 제	製菓 縫製 剝製 舊製 薰製
	祭	제사 제	祭供 祭器 祭冠 祭具 祈雨祭
	題	제목 제	題目 問題 命題 副題 論題 主題
	帝	황제 제	帝國 帝京 帝閣 帝王 玉皇上帝
	諸	모두 제	諸君 諸軍 諸家 諸客 諸各司
	諸	어조사 저	
	除	제할 제	除減 除去 驅除 防除 免除
	提	끌 제	前提 提供 提綱 提高 提撕
	齊	가지런할 제	齊明 齊諧 齊均 均齊 整齊 齊等
	齊	새계할 재	齊明 齊諧 齊均 均齊 整齊
	際	때 제	際涯 際限 際會 無際 無限際
	濟	구제할 제	旣濟 濟宥 濟貧 濟民 濟濟
	制	억제할 제	制度 制定 規制 官制 節制
	堤	방축 제	堤防 堤導 築堤 防波堤 防潮堤
조	兆	조 조	亡兆 卦兆 徵兆 一兆 兆物
	助	도울 조	共助 內助 輔助 救助 贊助
	鳥	새 조	鳥逕 鳥類 吉鳥 不死鳥 鳥瞰圖
	早	이를 조	早急 早見 早朝 早歸 時機尙早
	造	만들 조	造景 急造 構造 捏造 酒造
	朝	아침 조	朝刊 王朝 先朝 早朝 列聖朝
	祖	할아비 조	祖國 太祖 先祖 曾祖 始祖

	調 고를 조	調整 弄調 强調 命令調 民謠調
	租 세금 조	租稅 公租 國租 租貢 十一租
	照 비칠 조	照檢 觀照 對照 落照 照光
	組 짤 조	組立 勞組 骨組 改組 組閣
	燥 마를 조	燥急 乾燥 焦燥 煩燥 燥渴
	條 가지 조	條件 條例 條文 蕭條 某條
	操 잡을 조	操弄 操心 操業 操作 操縱 志操
	潮 조수 조	潮流 主潮 思潮 干潮 潮水
	弔 조상할 조	弔問 弔禮 弔旗 慶弔 弔客
족	足 발 족	足球 足踏 禁足 發足 力不足
	族 겨레 족	族閥 族譜 民族 貴族 家族
존	存 있을 존	存立 存滅 獨存 自存 適者生存
	尊 높을 존	尊敬 尊媼 尊家 尊客 尊見
졸	卒 군사 졸	卒兵 士卒 官卒 卒倒 高卒
	拙 옹졸할 졸	拙劣 庸拙 穉拙 拙家 拙規模
종	種 씨 종	種根 種子 種德 苗種 種概念
	鍾 종 종	鍾路 鍾鉢 鍾子 鍾愛 鍾鼎文
	終 마칠 종	終刊 終講 最終 終結 亡終
	從 따를 종	從價 從俗 順從 服從 追從
	宗 마루 종	宗系 宗家 宗教 宗孫 改宗
	縱 세로 종	縱斷 操縱 放縱 縱擊 縱景
좌	坐 앉을 좌	坐定 靜坐 正坐 緣坐 盤坐
	左 왼 좌	左右 證左 左傾 左計 左顧 左降
	佐 도울 좌	佐飯 佐郎 佐理 佐幕 補佐
	座 자리 좌	座客 座談會 權座 講座 座料
죄	罪 죄 죄	罪人 罪過 輕罪 贖罪 免罪
주	宙 우주 주	宙水 宇宙 碧宙 宙合樓
	主 주인 주	主幹 教主 公主 主概念 廣告主
	酒 술 주	酒價 酒客 酒家 酒酲 事酒
	走 달릴 주	走馬燈 繼走 競走 獨走 逃走
	朱 붉을 주	朱記 朱丹 朱喇 朱荂 印朱
	注 물댈 주	注記 注力 注目 注文 注連
	晝 낮 주	晝間 晝勤 晝夜 白晝 晝光色
	住 살 주	住家 住居 住宅 住居址 住宅街
	舟 배 주	舟車 舟橋 舟軍 舟梁 舟路
	株 그루 주	株價 株間 株券 株金 株式
	周 두루 주	周角 周甲 周急 周衣 圓周
	柱 기둥 주	四柱 支柱 柱梁 柱頭 電信柱

	州 고을 주	州國 州郡 州里 光州 全州
	洲 물가 주	洲島 洲嶼 洲沚 滿洲 大洋洲
	奏 아뢸 주	奏角 奏達 奏對 奏文 上奏
	珠 구슬 주	珠璣 珠玉 珠簪 眼珠 夜珠
	鑄 쇠 부어 만들 주	鑄工 鑄鎔 鑄錢 鑄造 鎔鑄
죽	竹 대 죽	竹刀 竹林 竹林七賢 竹馬 騎竹
준	準 법도 준	準規 準數 準備 準據 基準
	俊 준걸 준	俊健 俊傑 俊法 豪俊 才俊
	遵 따라갈 준	遵據 遵法 遵守 一遵 奉遵
중	中 가운데 중	中間 中國 中年 中央 宮中
	重 무거울 중	重價 重大 重量 敬重 輕重
	衆 무리 중	衆論 衆生 同衆 多衆 衆口難防
	仲 버금 중	仲介 中媒 仲裁 仲秋 伯仲
즉	卽 곧 즉	卽刻 卽決 卽答 立卽 相卽
	則 곧 즉	
	則 법칙 칙	則度 則效 反則 原則 學則
증	證 증거 증	證據 證果 證明 證憑 納入證
	曾 일찍 증	曾經 曾孫 曾孫女 曾祖母 曾祖父
	增 증가할 증	增加 增强 急增 割增 添增
	蒸 찔 증	蒸氣 蒸溜 蒸發 蒸餠 砂蒸
	憎 미워할 증	憎惡 憎怨 愛憎 可憎 怨憎
	症 병세 증	症狀 症勢 症候 渴症 感染症
	贈 줄 증	贈答 贈序 贈呈 寄贈 投贈
지	只 다만 지	只今 樂只 但只 盃只 狗逐鷄屋只
	支 가지 지	支給 支分 支出 干支 支離滅裂
	之 갈 지	之無 之字路 之死靡他 之東之西
	地 땅 지	地殼 地境 地球 開拓地 開催地
	知 알 지	知覺 知見 知己 知能 感知
	止 그칠 지	止渴 止息 勸止 極止 急停止
	紙 종이 지	紙面 紙墨 紙塵 紙幣 籤紙
	指 가리킬 지	指導 指令 斷指 指南鐵 金斑指
	持 지탱할 지	持久 持論 持病 堅持 不持
	至 다다를 지	至極 至今 至當 至樂 冬至
	志 뜻 지	志望 志士 志願 志操 決志
	枝 가지 지	枝幹 枝葉 翦枝 接枝 折枝
	池 못 지	池面 池畔 池苑 淥池 沈澱池
	誌 기록할 지	誌略 誌齡 誌面 誌文 大衆雜誌
	遲 더딜 지	遲刻 遲久 遲鈍 凌遲 遲遲

음	한자	뜻·음	용례
	智	지혜 지	智見 智巧 智能 巧智 奇智
	識	기록할 지	謹識
	識	알 식	識見 識達 識德 無識 知識
직	直	곧을 직	直覺 直角 勁直 公直 垂直
	職	직분 직	職貢 職業 職場 職權 辭職
	織	짤 직	織耕 織工 織女 織物 紡織
진	盡	다할 진	盡誠 盡數 盡心 曲盡 漏盡
	辰	별 진(신)	辰國 辰宿 日辰 時辰 十二辰
	進	나아갈 진	進甲 進擊 繼進 改進 勸進
	眞	참 진	眞假 眞價 眞景 迫眞 寫眞
	陣	진칠 진	陣頭 陣門 陣法 結陣 背水之陣
	振	떨칠 진	振盪 振氣 振動 興振 食慾不振
	鎭	진압할 진	鎭痙 鎭島 門鎭 邊鎭 書鎭
	珍	보배 진	珍嘉 珍景 珍果 珍貴 貴珍
	陳	베풀 진	陳烈 陳腐 陳設 陳述 所陳
	震	벼락 진	震慄 震驚 地震 强震 餘震
질	質	바탕 질	質感 質量 硬質 器質 地質
	疾	병 질	疾故 疾忌 疾病 痼疾 痢疾
	姪	조카 질	姪女 姪婦 姪壻 內姪 女姪
	秩	질서 질	秩序 秩敍 秩然 九秩 品秩
집	執	잡을 집	執着 執權 執念 執杯 壅固執
	集	모을 집	集結 集計 歌集 蒐集 集結所
징	徵	부를 징	徵納 徵發 過徵 明徵 曡徵
	懲	징계할 징	懲戒 懲過 懲勸 嚴懲 膺懲
차	此	이 차	此間 此期 此等 如此 彼此
	次	버금 차	次骨 次官 次期 序次 年次
	借	빌 차	借家 借款 借券 貸借 拜借
	且	또 차	且說 且置 苟且 況且 且問且答
	差	어긋날 차	差減 差異 差度 偏差 見解差
	車	성씨 차	車輪
	車	수레 거	車馬 車駕 車蓋 車軌 自轉車
착	着	붙을 착	着工 倒着 到着 膠着 終着
	錯	섞일 착	錯覺 錯亂 錯列 錯視 錯雜
	捉	잡을 착	捉去 捉送 捉囚 捕捉 活捉
찬	贊	찬성할 찬	贊同 贊反 贊成 贊助 協贊
	讚	싱산발 산	讚歌 讚美 讚辭 過讚 禮讚
찰	察	살필 찰	察納 察覽 察知 警察 觀察
참	參	참가할 참	參加 參觀 參席 得參 持參
	參	석 삼	參散 參夷
	慘	참혹할 참	慘劇 慘憺 無慘 悲慘 悽慘
	慙	부끄러울 참	慙慨 慙愧 慙色 愧慙 無慙
창	昌	창성할 창	繁昌 盛昌 殷昌 昌慶宮 昌德宮
	唱	노래 부를 창	唱歌 唱劇 唱法 獨唱 合唱
	窓	창 창	窓門 客窓 同窓 窓琉璃 監視窓
	倉	창고 창	倉庫 官倉 穀倉 船倉
	蒼	푸를 창	蒼健 蒼空 蒼茫 茫蒼 鬱蒼
	暢	화창할 창	暢達 暢暢 暢快 明暢 和暢
	創	비롯할 창	創刊 創建 創始 獨創 彈創
채	菜	나물 채	菜果 菜蔬 菜刀 野菜 坦平菜
	採	캘 채	採決 採光 採掘 公採 特採
	彩	무늬 채	彩器 彩度 多彩 虹彩 異彩
	債	빗질 채	債權 債務 國債 卜債 社債
책	責	꾸짖을 책	責望 責務 責問 責任 詰責
	冊	책 책	冊匣 冊庫 空冊 單券冊 漫畵冊
	策	꾀 책	策略 策謀 窮策 政策 權謀術策
처	妻	아내 처	妻家 妻男 妻德 恐妻 賢母良妻
	處	곳 처	處決 處女 去來處 空處 逃避處
척	尺	자 척	尺度 尺量 木尺 丈尺 咫尺
	斥	내칠 척	斥力 斥候兵 斥佛 排斥 退斥
	拓	던질 척	拓士 拓殖 干拓 開拓 未開拓
	戚	친척 척	戚臣 姻戚 外戚 親戚 戚屬
천	千	일천 천	千客 幾千 數千 一千 五六千
	天	하늘 천	天干 天子 歸天 南天 無天
	川	내 천	川谷 砂川 深川 春川 河川
	泉	샘 천	泉脈 泉鹽 九泉 冷泉 溫泉
	淺	얕을 천	淺耕 交淺 短淺 深淺 淺見薄識
	薦	추천할 천	薦擧 薦達 公薦 奏薦 推薦
	遷	옮길 천	遷客 遷度 播遷 左遷 孟母三遷
	踐	밟을 천	踐年 踐約 踐言 實踐 履踐
	賤	천할 천	賤格 賤技 貴賤 免賤 至賤
철	鐵	쇠 철	鐵甲 鐵槌 鋼鐵 地下鐵 龍鬚鐵
	哲	밝을 철	哲婦 哲夫 先哲 英哲 賢哲
	徹	뚫을 철	徹夜 徹天 貫徹 透徹 徹頭徹尾
첨	添	너빌 섬	添加 加添 附添 別添 添加物
	尖	뾰족할 첨	尖端 尖塔 劍尖 刀尖 舌尖

첩	妾 첩첩	妾室 妾子 妾出 小妾 愛妾
청	靑 푸를 청	靑苔 靑天 群靑 丹靑 獨也靑靑
	晴 갤 청	晴空 晴明 晴天 春晴 快晴
	請 청할 청	請求 淸託 敬請 緊請 申請
	淸 맑을 청	淸歌 淸勘 淸江 掃淸 肅淸
	聽 들을 청	聽覺 聽講 聽講生 敬聽 難聽
	廳 관청 청	廳務 廳舍 國稅廳 檢察廳 警察廳
체	體 몸 체	體感 體格 固體 氣體 液體
	替 바꿀 체	替代 交替 代替 移替 衰替
	切 모두 체	一切
	切 끊을 절	切感 切開 適切 切切 凄切
	滯 막힐 체	滯納 滯症 宿滯 延滯 停滯
	逮 미칠 체	逮鞫 逮捕 逮繫 逮夜 被逮
	遞 번갈아 체	遞減 遞去 辭遞 順遞 郵遞局
초	草 풀 초	草家 草場 草地 甘草 春草
	初 처음 초	初刊 初心 國初 年初 太初
	招 부를 초	招待 招請 招來 招致 自招
	超 뛰어넘을 초	超過 超越 超重量 超高速 超高層
	抄 베낄 초	抄錄 抄略 抄本 抄書 拔抄
	肖 같을 초	肖似 肖像 不肖 肖像畵
	礎 초석 초	礎稿 礎石 礎材 基礎 柱礎
	秒 시간단위 초	秒速 秒針 每秒 分秒 秒速度
촉	促 재촉할 촉	促求 促迫 促發 督促 販促
	觸 닿을 촉	觸覺 觸感 感觸 抵觸 接觸
	燭 촛불 촉	燭膿 燭臺 燭淚 燈燭 洞燭
	囑 부탁할 촉	囑客 囑聯 囑令 囑鏤 囑望
	屬 붙을 속	屬國 服屬 直屬 從屬國 貴金屬
촌	村 마을 촌	村家 村居 山村 漁村 農村
	寸 마디 촌	寸刻 寸隙 近寸 四寸 三寸
총	聰 귀밝을 총	聰氣 聰達 聰明 聖聰 薛聰
	銃 총 총	銃劍 銃擊 銃口 空氣銃 機關銃
	總 거느릴 총	總和 總務 總責 總長 總監督
최	最 최고 최	最強 最高 最古 最新 最低
	催 재촉할 최	催告 催督 催淚 開催 主催
	衰 상복 최	衰麻 衰服 衰経 齊衰
	衰 쇠할 쇠	衰減 衰降 衰落 病衰 興亡盛衰
추	秋 가을 추	秋江 秋景 秋夕 立秋 春秋
	追 쫓을 추	追蹤 追加 追憶 追想 擊追
	推 밀 추	推計 推定 推薦 推古 類推
	推 밀 퇴	推敲
	抽 뽑을 추	抽拔 抽象 抽獎 抽籤 抽象化
	醜 더러울 추	醜男 醜女 醜談 陋醜 美醜
축	祝 축하할 축	祝歌 祝禱 祝燈 感祝 伏祝
	丑 소 축	丑年 丑生 丑時 乙丑 丑生界
	築 지을 축	築臺 築防 築城 築造 建築
	蓄 쌓을 축	蓄怨 貯蓄 含蓄 蓄膿症 蓄音機
	逐 쫓을 축	逐客 逐鬼 逐出 角逐 退逐
	畜 가축 축	畜舍 畜産 家畜 屠畜 畜産物
	縮 줄 축	縮減 縮氣 減縮 短縮 蝟縮
춘	春 봄 춘	春景 春耕期 賣春 立春 回春
출	出 날 출	出嫁 出刊 出監 各出 進出
충	忠 충성 충	忠犬 忠臣 忠直 臣忠 顯忠
	蟲 벌레 충	蟲類 昆蟲 驅蟲 害蟲 蛔蟲
	充 채울 충	充當 充滿 充分 補充 擴充
	衝 충돌할 충	衝突 衝擊 相衝 緩衝 要衝
취	吹 불 취	吹管 吹浪 吹奏 吹打 鼓吹 再吹
	取 취할 취	取扱 取得 取締 切取 搾取
	就 나아갈 취	就勞 就寢 去就 成就 進就
	臭 냄새 취	臭氣 無臭 惡臭 腋臭 體臭
	醉 취할 취	醉客 醉氣 醉中 大醉 陶醉
	趣 주창할 취	趣味 趣旨 趣向 深趣 興趣
측	側 곁 측	側近 側面 內側 右側 左側
	測 측량할 측	測量 觀測 罔測 難測 不測
층	層 층 층	層間 層階 基層 多層 斷層
치	致 이를 치	致禮 致命 極致 致仕 滿場一致
	治 다스릴 치	治家 治國 難治 政治 萬病通治
	齒 이빨 치	齒牙 齒痛 臼齒 同齒 風齒
	恥 부끄러울 치	恥部 恥辱 羞恥 廉恥 破廉恥
	置 둘 치	置念 置簿 代置 倒置 裝置
	値 값 치	極値 價値 相値 固有値 近似値
칙	則 법 칙	規則 鐵則 反則 原則 學則
	則 곧 즉	
친	親 친할 친	親家 親系 母親 父親 宗親
칠	七 일곱 칠	七角形 七寶 七夕 七星 七去之惡
	漆 옻칠할 칠	漆器 加漆 色漆 灰漆 漆工藝
침	針 바늘 침	鍼灸 針母 鍼術 指針 針小棒大

枕 베개 침　　枕木 枕上 枕席 衾枕 起枕
沈 잠길 침　　沈沒 沈沈 擊沈 陰沈 意氣銷沈
浸 적실 침　　浸灌 浸水 浸蝕 浸透 浸禮敎
侵 침략할 침　　侵擊 侵攻 侵掠 敵侵 不可侵
寢 잠잘 침　　寢具 寢囊 寢臺 同寢 熟寢
칭 稱 칭할 칭　　稱德 稱病 稱頌 稱號 名稱

쾌 快 쾌할 쾌　　快感 快擧 爽快 愉快 痛快

타 他 다를 타　　他界 他國 他殺 他律 他鄉
打 때릴 타　　打擊 打倒 打算 打字 打毬
墮 떨어질 타　　墮落 墮淚 墮罪 墮懈 失墮
妥 온당할 타　　妥結 妥當 妥議 妥協 未妥
탁 濯 빨 탁　　濯禊 濯洗 濯足 洗濯 澡濯
托 맡길 탁　　托鉢 托生 托身 托處 依托
濁 탁할 탁　　濁江 鈍濁 溷濁 汚濁 不淸不濁
度 헤아릴 탁　　度計 度揆 度地 度支 度支部
度 법도 도　　度量 溫度 正度 度量衡 多角度
卓 탁자 탁　　卓球 卓上 卓越 敎卓 食卓
탄 炭 숯 탄　　石炭 煉炭 炭鑛 木炭 九孔炭
彈 퉁길 탄　　彈道 彈性 彈藥 彈劾 糾彈
歎 탄식할 탄　　歎服 歎聲 歎息 感歎 敬歎
誕 태어날 탄　　誕降 誕妄 誕生 聖誕 詐誕
탈 脫 벗어날 탈　　脫却 脫皮 逃脫 剝脫 疏脫
奪 빼앗을 탈　　奪骨 傾奪 掠奪 削奪 侵奪
탐 探 찾을 탐　　探究 探索 探險 廉探 偵探
貪 탐낼 탐　　貪婪 貪欲 食貪 貪官汚吏 取而不貪
탑 塔 탑 탑　　塔燈 塔碑 尖塔 無影塔 釋迦塔
탕 湯 국 탕　　湯罐 湯器 重湯 紅蛤湯 沐浴湯
태 泰 클 태　　泰國 泰嶺 國泰 矜泰 靜泰
太 클 태　　太佳 太古 明太 凍太 生太
態 태도 태　　態度 態勢 動態 變態 事態
怠 게으를 태　　怠慢 怠心 驕怠 倦怠 懶怠
殆 위태로울 태　　殆無 殆半 殆哉 危殆 疑殆
택 宅 집 택　　宅居 宅配 宅地 邸宅 住宅
擇 택할 택　　擇吉 擇里志 揀擇 選擇 採擇
澤 못 택　　福澤 光澤 德澤 潤澤 惠澤
토 土 흙 토　　土價 土建 土木 片片沃土 凍土

吐 뱉을 토　　吐器 嘔吐 實吐 說吐 懸吐
討 토론할 토　　土窟 討論 討伐 檢討 剿討
통 通 통할 통　　通行 通路 交通 能通 內通
統 거느릴 통　　統監 統計 統帥 系統 大統
痛 아플 통　　痛覺 痛感 痛點 沈痛 寃痛
洞 통할 통　　洞開 洞見 洞觀 洞達 洞籤
洞 고을 동　　洞契 洞口 洞窟 洞民 空洞
퇴 退 물너갈 퇴　　退嬰 退却 退去 辭退 臨戰無退
推 밀 퇴　　推敲
推 미룰 추　　推計 推窮 推理 推薦 推測
투 投 던질 투　　投稿 投手 投石 力投 意氣投合
透 사무칠 투　　透見 透過 透明 滲透 浸透
鬪 싸울 투　　鬪犬 鬪鷄 健鬪 苦鬪 死鬪
특 特 특별할 특　　特價 特採 特別 奇特 英特

파 波 물결 파　　波及 腦波 大波 餘波 電磁波
破 깨뜨릴 파　　破却 破損 破片 擊破 讀破
派 물갈래 파　　派遣 急派 流派 古典派 過激派
播 씨 뿌릴 파　　播多 播說 播種 傳播 直播
罷 파할 파　　罷繼 罷歸 罷免 罷養 罷業
頗 자못 파　　頗多 頗僻 偏頗
把 잡을 파　　把持 杷杯 把守 把握 把土
판 判 판단할 판　　判斷 判決 公判 裁判 判檢事
板 널 판　　板刻 板局 鋼板 出板 揭示板
版 조각 판　　版閣 木版 文庫版 普及版 增補版
販 팔 판　　販賣 販路 街販 市販 總販
팔 八 여덟 팔　　八道 八角 八卦 八方美人 八萬大藏經
패 貝 조개 패　　貝殼 貝類 貝玉 貝塚 貝貨
敗 질 패　　敗却 悖軍 敗亂 敗亡 敗家亡身
背 배반할 패
背 등 배　　背講 背景 背囊 背反 背信
편 片 조각 편　　片刻 片鱗 片書 片時 片言
便 편할 편　　便辟 便道 便覽 便路 便利
便 문득 변　　便器 大便 便所 便是 便液
篇 책 편　　編簡 篇卷 篇談 篇牘 篇首
編 엮을 편　　編刊 編曲 編年 編臺 編纂
遍 두루 변　　遍界 遍觀 遍談 遍讀 遍歷
偏 치우칠 편　　偏見 偏枯 偏僻 偏旁

| 평 | 平 평평할 평 | 平價 平均 平等 平和 平準 |
| 하 | 下 아래 하 | 下降 下敎 下卷 下女 下待 |

평 平 평평할 평　平價 平均 平等 平和 平準
評 평론할 평　評定 評價 評決 高評 批評
폐 閉 닫을 폐　閉講 閉經 閉關 廢止 閉鎖
幣 화폐 폐　幣客 幣物 幣帛 幣聘 幣帛盤
廢 폐할 폐　廢家 廢却 廢刊 廢工 廢關
蔽 가릴 폐　蔽空 弊端 蔽身 蔽眼 蔽容
弊 폐단 폐　弊家 弊館 弊校 弊局 弊端
肺 허파 폐　肺肝 肺經 肺結石 肺結核 肺經期
포 布 베 포　布告 布棺 布敎 布告令 布告文
抱 안을 포　抱卵 抱病 抱負 抱擁 包圍
暴 사나울 포　暴疾 暴棄 暴虐 暴虎 暴橫
暴 드러날 폭　暴暑 暴客 暴漢 暴力 暴言
包 쌀 포　包裹 包家 包括的 包袋 包壁
胞 태 포　胞宮 胞膜 胞子 胞胎
飽 배부를 포　飽滿 飽聞 飽腹 飽看 飽喫
浦 물가 포　浦口 浦民 浦村 捕鼠 海浦
捕 잡을 포　抱腹 抱負 抱恨 抱擁 抱寃
폭 暴 드러날 폭　暴暑 暴客 暴漢 暴力 暴言
暴 사나울 포　暴疾 暴棄 暴虐 暴虎 暴橫
爆 폭발할 폭　爆擊 爆發 爆死 爆聲 爆彈
幅 넓이 폭　幅廣 幅利 廣幅 反幅 全幅
표 表 겉 표　表決 表具 表記 表裏 表面
票 쪽지 표　票決 票數 票所 傳票 投票
標 표할 표　標擊 標旗 標疾 漂悍
漂 뜰 표　漂客 漂動 漂浪 漂流 漂船
품 品 물건 품　品格 品階 品級 品秩 上品
풍 風 바람 풍　風塵 風波 風力 風水 微風
豊 풍성할 풍　豊年 豊凶 豊盛 大豊 豊農
피 皮 가죽 피　皮角 皮膚 皮骨 毛皮 皮革
彼 저 피　彼邊 彼我 彼人 彼岸 彼此
疲 파리할 피　疲竭 疲困 疲勞 疲弊 疲乏
被 입을 피　被動 被服 被擊 被檢查 被檢者
避 피할 피　避難 避亂 避姙 忌避 避難民
필 匹 짝 필　匹儔 匹對 匹馬 匹夫 匹夫匹婦
必 반드시 필　必納 必讀 必得 必然 必要
筆 붓 필　筆筒 筆諫 筆談 筆答 筆寫
畢 마칠 필　畢竟 畢同 畢力 畢生 畢業

하 下 아래 하　下降 下敎 下卷 下女 下待
何 어찌 하　何間 何故 何年 何必 何如間
夏 여름 하　夏間 夏季 夏期 夏服 夏至
河 물 하　河口 河梁 河流 河馬 河氷
賀 축하할 하　賀客 賀慶 賀禮 賀詞 賀宴
荷 멜 하　荷禮 荷量 荷物 荷葉 荷花
학 學 배울 학　學監 學界 學科 學校 學士
鶴 학 학　仙鶴 丹鶴 白鶴 鶴唳 鶴舞
한 恨 한 맺힐 한　恨別 恨事 恨歎 怨恨 情恨
寒 추울 한　寒苦 寒氣 寒暖 寒帶 寒冷
閑 한가할 한　閑暇 閑客 閑散 閑寂 閑人
限 한계 한　限界 限定 限度 期限 限定版
漢 한나라 한　漢江 漢菓 漢文 韓方 漢詩
韓 한나라 한　韓國 大韓 三韓 韓族 韓民族
汗 땀 한　汗垢 汗衫 汗疣 汗疹 汗喘
旱 가물 한　旱乾 旱氣 旱騷 旱田 旱天
할 割 벨 할　割引 割賦 割腹 割增 分割
함 咸 다 함　咸告 咸宜 咸池 咸察 咸興差使
含 머금을 함　含憾 含垢 含氣 含默 含憤
陷 빠질 함　陷溺 陷落 陷壘 陷沒 陷城
합 合 합할 합　合格 合計 合拱 合當 合同
항 抗 대항할 항　抗拒 抗告 抗辯 抗訴 對抗
恒 항상 항　恒久 恒常 恒時 恒心 恒德
巷 거리 항　巷間 巷談 巷說 巷傳 街巷
航 물 건널 항　航空 航路 航運 航程 航海
項 목 항　項領 項目 項羽 名項 別項
港 항구 항　港街 港界 港口 港內 港灣
行 항오 항　行列 行伍
行 다닐 행　行軍 行動 行旅 通行 行路
降 항복할 항　降屈 降旗 降兵 降伏 降人
降 내릴 강　降等 降臨 降福 降雪 降雨
해 亥 돼지 해　亥囊 亥年 亥末 亥生 亥豕之譌
害 해할 해　害毒 害心 害惡 害蟲 自害
海 바다 해　海警 海軍 海岸 海洋 海峽
奚 어조사 해　奚距 奚奴 奚童 奚若 奚自
解 풀 해　解渴 解決 解雇 解答 解毒
該 해당할 해　解貫 解究 該當 該博 解案
핵 核 씨 핵　核家族 核果 核心 原子核 中核

음	한자	훈·음	용례
행	行	다닐 행	行軍 行動 行旅 通行 行路
	行	항오 항	行伍 行列
	幸	다행 행	幸福 幸運 多幸 不幸 天幸
향	向	향할 향	向南 向方 向上 向意 向後
	享	누릴 향	享年 享堂 享樂 享福 享有
	香	향기 향	香氣 香囊 香料 香水 香花
	鄕	고을 향	鄕歌 鄕愁 鄕村 鄕札 故鄕
	響	소리 향	響叫 響卜 歌響 美響 音響
허	許	허락할 허	許可 許交 許久 許否 許心
	虛	빌 허	虛怯 虛空 虛飢 虛浪 虛禮
헌	軒	동헌 헌	軒蓋 軒燈 軒然 軒軺 軒軒
	憲	법 헌	憲綱 憲矩 憲令 憲法 憲兵
	獻	드릴 헌	獻供 獻饋 獻金 獻納 獻身
험	險	험할 험	險口 險難 險阻 險客 危險
	驗	시험할 험	驗問 驗左 體驗 試驗 經驗
혁	革	가죽 혁	革甲 革帶 革命 革新 改革
현	玄	검을 현	玄琴 玄德 玄了 玄默 玄海
	現	나타날 현	現像 現世 現在 現存 現今
	絃	악기줄 현	絃歌 絃琴 絃索 絃誦 絃樂
	賢	어질 현	賢君 賢德 賢明 賢母 賢人
	縣	고을 현	縣隔 縣令 縣賞 縣遠 同縣
	懸	매달 현	懸隔 懸金 懸念 懸欄 懸罰
	顯	나타날 현	顯貴 顯達 顯道 顯麗 顯名
	見	나타날 현	見功 見在 見行 先見 見頭角
	見	볼 견	見聞 見本 見習 見學 見解
혈	穴	구멍 혈	穴居 穴見 穴竅 穴隙 穴臥
	血	피 혈	血管 血塊 血球 血色 血液
협	協	두울 협	協同 協力 協約 農協 信協
	脅	으를 협	脅喝 脅迫 脅息 脅奪 威脅
	嫌	싫어할 혐	嫌家 嫌忌 嫌惡 嫌疑 嫌憚
형	兄	맏 형	兄夫 兄嫂 兄弟 大兄 義兄
	刑	형벌 형	刑官 刑具 刑期 刑罰 火刑
	亨	형통할 형	亨國 亨嘉 亨途 亨熟 亨通
	形	형상 형	形殼 形氣 形狀 形成 形態
	螢	반딧불 형	螢光 螢石 螢雪 螢雪之功 螢火
	衡	저울대 형	衡度 衡石 衡平 均衡 平衡
혜	兮	어조사 혜	兮也 樂兮 與兮 怀兮 菲菲兮
	惠	은혜 혜	惠康 惠念 惠雨 惠澤 恩惠
	慧	지혜 혜	慧命 慧聖 慧眼 慧解 智慧
호	互	서로 호	互角 互送 互用 互稱 相互
	戶	지게 호	戶口 戶當 戶曹 戶主 門戶
	乎	어조사 호	乎哉
	好	좋을 호	好感 好喪 好色 好奇心 好男子
	呼	부를 호	呼氣 呼名 呼訴 呼應 呼兄
	虎	호랑이 호	虎踞 虎狼 虎皮 白虎 虎視耽耽
	胡	오랑캐 호	胡角 胡國 胡麥 胡蝶 東胡
	浩	넓을 호	浩歌 浩氣 浩大 浩渺 浩然之氣
	毫	터럭 호	毫光 毫釐 毫末 白毫 一毫
	湖	호수 호	湖畔 湖水 湖心 江湖 大湖
	號	부를 호	號角 號哭 號旗 號帶 號令
	豪	호걸 호	豪家 豪强 豪傑 豪宕 豪俠
	護	보호할 호	護國 護軍 護法 護身 護衛
혹	或	혹 혹	或說 或是 或如 或曰 間或
	惑	의혹될 혹	惑嗜 惑溺 惑說 迷惑 疑惑
혼	婚	혼인할 혼	婚期 婚談 婚禮 婚姻 求婚
	昏	어두울 혼	昏籽 昏亂 昏忘 昏迷 昏粍
	混	섞일 혼	混沌 混同 混亂 混成 混食
	魂	혼백 혼	魂怯 魂氣 魂膽 魂靈 魂魄
홀	忽	문득 홀	忽待 忽微 忽視 忽然 疏忽
홍	弘	클 홍	弘簡 弘曠 弘基 弘益 弘文館
	洪	넓을 홍	洪寧 洪福 洪水 洪川 洪醉
	紅	붉을 홍	紅巾賊 紅燈 紅淚 紅蔘 紅柿
	鴻	기러기 홍	鴻毛 鴻寶 鴻雁 小鴻 鴻鵠之志
화	火	불 화	火焰 火酒 火星 聖火 火魔
	化	화할 화	化學 化合 同化 文化 美化
	禾	벼 화	禾稼 禾藁 禾穀 禾穗 禾本科
	花	꽃 화	化壇 花壇 花園 花卉 桃花
	和	화합할 화	和氣 和睦 和暢 和合 溫和
	貨	재물 화	貨利 貨物 貨寶 貨殖 金貨
	華	빛날 화	華僑 華麗 華美 國華 中華
	畫	그림 화	畫家 畫工 畫房 畫廊 名畫
	畫	그을 획	畫力 畫數 畫順 畫一 畫策
	話	말씀 화	話頭 話法 話素 話術 話者
	禍	재화 화	禍祟 禍咎 禍根 禍難 禍亂
확	確	확실할 확	確據 確見 確固 確答 確固不動
	擴	늘릴 확	擴人 擴張 擴充 擴大鏡 擴聲器

穫 거둘 확　　穫稻 穫刈 收穫
환　丸 구슬 환　　丸泥 丸藥 一丸
　　患 근심 환　　患苦 患氣 患難 患部 內憂外患
　　換 바꿀 환　　換家 換穀 換算 換言 換錢
　　還 돌 환　　還甲 還國 還減 還送 還元
　　環 고리 환　　環境 環球 還濤 環視 花環
　　歡 기쁠 환　　歡談 歡待 歡樂 歡聲 歡送
활　活 살 활　　活劇 活氣 活動 活潑 活躍
황　況 하물며 황　　況味 況且 況厚 近況 情況
　　荒 황무지 황　　荒客 荒饑 荒唐 荒廢 虛荒
　　皇 임금 황　　皇國 皇上 皇室 皇帝 皇后
　　黃 누를 황　　黃口 黃金 黃芪 黃疸 黃桃
회　回 돌아올 회　　回顧 回歸 回答 回收 年回
　　悔 후회할 회　　悔改 悔過 悔罪 悔恨 後悔

편저자 김 균 태

서울대학교 대학원 국어국문학과(문학박사)
(현) 한남대학교 국어국문학과 교수

대표 저서
『이옥의 문학이론과 작품세계 연구』
『구비문학대계(전남 화순·장성 편)』(공저)
『부여지방의 구비설화(상·하)』(공저)
『부여효열지』
『새내 유역의 구비설화』(공저)
『금강 본류 유역의 구비설화 1, 2』(공저)
『금내 유역의 구비설화』(공저)

알기 쉽고 재미있는 **初學 漢文**

초판 1쇄 발행   2008년 3월 10일
초판 2쇄 발행   2008년 9월 10일

편저자   김 균 태
펴낸이   이 대 현
편 집   권분옥·인유미
펴낸곳   도서출판 역락
　　　서울 서초구 반포4동 577-25 문창빌딩 2층
　　　전화 • 3409-2058, 3409-2060 / FAX • 3409-2059
　　　이메일 • youkrack@hanmail.net
　　　등록 • 1999년 4월 19일 제2002-000014호

정가   8,000원
ISBN   978 89-5556-594-2 93710

■ 잘못된 책은 교환해 드립니다.